初めてでも よくわかる

個人事業の帳簿のつけ方 節税のしかた

税理士 平石共子

日本実業出版社

　個人事業者は、サラリーマンからのいわゆる"脱サラ"組みの人がかなり多いように思われますが、給与所得者であったときは、源泉徴収や年末調整で会社が税金の計算をしてくれたので、所得税のしくみがどうなっているのか知らなくてもすんでいたはずです。
　ところが個人事業者となると、自分の1年間の収入金額はいくらなのか、事業にかかった必要経費はいくらなのか、を自分で計算して決めなければなりません。そして、税金がいくらかかるのかを計算して自分で申告して税金を納めるしくみになっています。

　平成17年分から、青色申告を選択した場合の「青色申告特別控除」が65万円控除と10万円控除の2つのコースに分かれました。65万円控除を受けるためには、複式簿記による帳簿を備え、貸借対照表を作成しなければなりません。
　いままで青色申告特別控除が45万円あるいは10万円だった人は、65万円控除を受けられるように帳簿をつけてもらうこと、白色申告の人は青色申告に切りかえること、新しく開業する人は最初から複式簿記による帳簿にぜひ挑戦してほしいと思います。

　本書は奇をてらった節税指南書ではありません。節税のウルトラCがまったくないとはいいませんが、足元を固めることが何よりの節税と考えています。
　帳簿をしっかりとつけて、自分のところが儲かっているのかどうかがわかるようにすること、税金を計算するしくみを身につけることが節税への一番の近道であり、そうすれば、そのなかにたくさんのヒントがあることに気づくでしょう。本書がその一助となれば幸いです。

　　2005年6月　　　　　　　　　　　　　　　　　　　　平石　共子

本書の内容は、2015年4月1日現在の法令等にもとづいています。

初めてでもよくわかる
『個人事業の帳簿のつけ方・
節税のしかた』

●印は図表と書式の参照ページです！

はじめに

1章 個人事業の経理はコレだけできればOK！

1. 個人事業者の税金は「事業所得」にかかってくる……… 12
   - ●事業所得は3つに区分できる　13
2. 収入と必要経費に含まれるものをマスターしておこう …… 14
   - ●収入と費用の判断基準　15
3. 「簿記」と「仕訳」について知っておこう ……………… 16
   - ●左側は「借方」、右側は「貸方」　16
4. 取引の記録のためには「勘定科目」が必要になる ……… 18
   - ●一般的な勘定科目の一覧　19
5. 「貸借対照表」と「損益計算書」で事業の状態が把握できる … 20
   - ●貸借対照表と損益計算書の5つの箱　21
6. 会計ソフトを使うときはチェックが大切 ………………… 22
   - ●会計ソフトを使うときの簿記の流れ　23

COLUMN　勘定科目マニュアル　24

2章 日々の経理に必要な帳簿と記入のしかた

1. 簿記の方法には「単式簿記」と「複式簿記」がある……… 26
   - ●単式簿記と複式簿記はここが違う　27
2. 仕訳の基本と借方・貸方のルール……………………………… 28
   - ●仕訳の8つのパターン　29
3. 「入金伝票」「出金伝票」「振替伝票」を使うと便利………… 30
   - ●入金伝票・出金伝票・振替伝票の記入のしかた　31
4. 個人事業で必要になる帳簿はこれだ！ ……………………… 32
   - ●簡易簿記と複式簿記で必要となる基本帳簿　33
5. 必要となる補助簿の種類と記入のしかた …………………… 34
   - ●簡易簿記と複式簿記で必要となる補助簿　35
6. 「現金出納帳」の書き方と記載ポイント ……………………… 36
   - ●「現金出納帳」の記入例　37
7. 「経費帳」の書き方と記載ポイント …………………………… 38
   - ●「経費帳」の記入例　39
8. 簡易帳簿で経理処理する場合のポイントと注意点 ………… 40
   - ●「簡易帳簿」のしくみ　41
9. 伝票から総勘定元帳への転記はこうする …………………… 42
   - ●入金・出金伝票から総勘定元帳への転記例　43
   - ●振替伝票から総勘定元帳への転記例　44
10. 現金出納帳、預金出納帳から総勘定元帳への転記のしかた… 45
    - ●現金出納帳、預金出納帳から総勘定元帳への転記例　46
    - ●振替仕訳帳から総勘定元帳への転記例　47
11. 帳簿などはどのくらい保存しておけばよいか ……………… 48
    - ●おもな帳簿類の保存期間　49
    - ●領収書、レシートの整理のしかた　49

| 12 | 帳簿をつけるにあたってこれだけは厳守しよう ……… 50 |

- ●帳簿をつける前に準備しておくこと　51

COLUMN　会計ソフトの活用のすすめ　52

3章　消費税の課税事業者になるとこんな事務が必要

| 1 | 消費税とはどんな税金か知っておこう ……………… 54 |

- ●1つの商品でみる消費税が課税される流れ　54

| 2 | 消費税の課税事業者となるのはどんな場合か ……… 56 |

- ●基準期間と課税期間の関係　57
- ●新規開業の場合　57

| 3 | 消費税の「課税売上高」はこうして求める ………… 58 |

- ●課税売上高を算出するルール　59

| 4 | 課税される取引と課税されない取引に区分する …… 60 |

- ●「課税対象外取引」となるもの　61
- ●「課税対象外取引」の代表的な例　61
- ●「非課税取引」となるもの　62
- ●「非課税取引」の例示　62

| 5 | 消費税はどのように計算するのか ………………………… 63 |

- ●簡易課税制度の適用要件　64

| 6 | 「原則課税」と「簡易課税」の違いを知っておく ……… 65 |

- ●簡易課税の場合の5つの業種区分とみなし仕入率　66
- ●簡単に消費税を計算する方法　67
- ●簡易課税で計算すると消費税の概算額はこうなる　67

| 7 | 「税込経理方式」と「税抜経理方式」はどこが違うのか …… 68 |

- ●消費税の経理処理の2つの方法　69

COLUMN　フリーランサーの請求書の書き方　70

4章 「青色申告」にするとこれだけトクになる！

1. 「青色申告」を選択できる人とそのポイント …………………… 72
   - ●所得税の納税制度　72
   - ●青色申告を選択できる人　73
   - ●青色申告の適用要件　73

2. 青色申告にはいろいろな特典がある ……………………………… 74
   - ●青色申告を選択したときのおもな特典　75

3. 青色申告を選択するときの申請のしかた ………………………… 76
   - ●「青色申告承認申請書」の書き方　77

4. 青色申告を選択した場合の記帳方法はこうする ………………… 78
   - ●備え付ける帳簿の3つのコース　79

5. 「青色申告特別控除」は誰でも受けられる ……………………… 80
   - ●青色申告特別控除は2つの控除額がある　81

   COLUMN　住宅ローンを組むときは…　81

6. 家族へ支払った給与には「青色事業専従者給与」が認められる … 82
   - ●「青色事業専従者給与に関する届出書」の提出期限　82
   - ●「青色事業専従者給与に関する届出書」の書き方　83
   - ●「青色事業専従者」と認められるための要件　84

   COLUMN　事業への姿勢が節税につながる　85

7. 青色申告なら「家事関連費」を経費にできる …………………… 86
   - ●必要経費になるもの・ならないもの　87

8. 青色申告にすると減価償却費の特例が認められる ……………… 88
   - ●中小企業者が機械等を取得した場合の特別償却　89
   - ●中小企業者等の少額減価償却資産の特例　89

9. 青色申告者の損失は繰越し、繰戻しができる …………………… 90
   - ●損失の繰越し控除を行なう例　90

⑩ 青色申告にすると貸倒引当金の繰入れができる……………… 92
　●貸倒引当金の対象となる貸金　92
　●一括貸倒引当金の繰入額　93

　COLUMN　年末にできる節税のヒント　94

5章 仕入・売上の経理処理と代金決済の方法

① 売上に関する仕訳と記帳のしかた……………………………… 96
　●売上があったときの記帳のしかた　97
② 売掛金に関する仕訳と記帳のしかた…………………………… 98
　●売掛金の発生・回収時の記帳のしかた　100
③ 仕入に関する仕訳と記帳のしかた……………………………… 102
　●仕入があったときの記帳のしかた　103
④ 買掛金に関する仕訳と記帳のしかた…………………………… 104
　●買掛金の発生・支払時の記帳のしかた　106
⑤ 「自家消費」を売上計上するときの経理処理のしかた……… 108
　●自家消費の売上金額の算定法　108
⑥ 現金に関する仕訳と記帳のしかた……………………………… 110
　●「現金出納帳」の記帳のしかた　111
⑦ 預金に関する仕訳と記帳のしかた……………………………… 112
　●預金通帳の記入項目　112
　●「預金出納帳」の記帳のしかた　114
⑧ 手形・小切手に関する仕訳と記帳のしかた…………………… 115
　●「受取手形帳」への記帳のしかた　116
　●「支払手形帳」への記帳のしかた　116
　●「当座預金出納帳」の記帳のしかた　117

　COLUMN　掛け売り、掛け仕入などの処理のポイント　118

6章 給与計算と社会保険事務はこうする

- **① 毎月の給与計算事務の流れはこうなっている** …………… 120
  - ●給与計算事務の流れ　121
- **② 「給与支払明細書」と「給与台帳」の記入のしかた** ……… 122
  - ●「給与支払明細書」のモデル例　123
  - ●「給与台帳」のモデル例　124
- **③ 所得税の源泉徴収と納付のしかた** ………………………… 125
  - ●所得税の納付期限　125
  - ●「給与支払事務所等の開設届出書」の書き方　126
  - ●「源泉所得税の納期の特例の承認に関する申請書」の書き方　127
  - ●源泉徴収税額表の見方　129
- **④ 住民税の特別徴収と納付のしかた** ………………………… 130
  - ●個人住民税の２つの納付方法　130
- **⑤ 社会保険料と労働保険料の控除のしかた** ………………… 132
  - ●社会保険と労働保険の加入　133
- **⑥ 賞与を支払うときの源泉徴収と社会保険料控除** ………… 134
  - ●「賞与に対する源泉徴収税額の算出率の表」の見方　135
- **⑦ 年末調整のしくみとそのやり方** …………………………… 137
  - ●「扶養控除等申告書」と「保険料控除申告書」はこんなもの　137

7章 節税のために「経費」をモレなく集めよう

① 経費をモレなく計上することが節税への一番の近道 ……… 140
   ●必要経費となる費用のいろいろ　141

② 必要経費になるもの・ならないもの …………………………… 142
   ●必要経費と認められるものは　143

③ 自宅を事務所にしている場合の経費の考え方 ……………… 144
   ●自己所有の自宅を事務所等に使用しているケース　145

④ 事務所や店舗を借りている場合の経費の考え方 …………… 146
   ●賃貸のケースの敷金等の取扱い　147

⑤ 租税公課、水道光熱費などを必要経費にするときの注意点 … 148
   ◎租税公課　148　　◎荷造運賃　149　　◎広告宣伝費　149
   ◎水道光熱費　149
   ●租税公課で必要経費になるもの・ならないもの　148

⑥ 福利厚生費、修繕費などを必要経費にするときの注意点 … 150
   ◎給料　150　　◎福利厚生費　150　　◎修繕費　151

⑦ 通信費、旅費交通費などを必要経費にするときの注意点 … 152
   ◎損害保険料　152　　◎通信費　152　　◎旅費交通費　153

⑧ 接待交際費、消耗品費などを必要経費にするときの注意点 … 154
   ◎接待交際費　154　　◎消耗品費　155　　◎新聞図書費　155

⑨ 減価償却費などを必要経費にするときの注意点 …………… 156
   ◎減価償却費　156　　◎貸倒損失　158　　◎固定資産除却損　158
   ●減価償却資産とは　156
   ●減価償却費の計算のしかた　157

⑩ 個人事業者に特有の科目を計上するときの注意点 ………… 159
   ◎元入金　159　　◎事業主貸、事業主借　159
   ◎事業用固定資産を売却したとき　160

8章 決算のやり方と決算書のつくり方

1. 決算の流れを知っておこう ………………………………………… 162
   - ●決算の流れはこうなっている　163
   - ●帳簿の締め方　163
2. 「決算書」のしくみはどうなっているか ……………………………… 164
   - ●「青色申告決算書」のしくみと記載項目　165
3. 減価償却の意味と計算のしかた ……………………………………… 166
   - ●「青色申告決算書」の3ページの書き方　167
   - ●「減価償却資産の償却方法の届出書」の書き方　168
4. 棚卸しのやり方と売上原価の計算のしかた ………………………… 170
   - ●仕入と売上原価のちがい　170
   - ●「棚卸表」のモデル例　171
5. 簡易帳簿で決算を行なう場合の「集計表」のつくり方 …… 172
   - ●「集計表」のモデル例　173
6. 「残高試算表」のつくり方と記入のしかた ………………………… 174
   - ●「残高試算表」のモデル例　175
7. 「青色申告決算書」のしくみと作成のしかた …………………… 176
   - ●「青色申告決算書」の2ページの書き方　176
   - ●「青色申告決算書」の1ページの書き方　178
   - ●「青色申告決算書」の4ページの書き方　180

9章 税金の計算のしかたと申告・納税のポイント

1. 所得税を計算するしくみを知っておこう ………………………… 184
   - ●所得税の計算のしくみ　184
   - ●10種類の所得とは　185
   - ●所得税の税率表　186

② 「所得控除」と「税額控除」の中身を理解しておこう …… 187
③ 確定申告のしくみと提出のしかた …… 192
④ 「確定申告書」の書き方と作成の手順 …… 193
- ●「確定申告書」B様式・第一表の書き方　194
- ●「確定申告書」B様式・第二表の書き方　195

⑤ 所得税の納付のしかたと延納、予定納税の手続き …… 197
- ●「延納」と「予定納税」の記入例　198

⑥ 住民税のしくみと納付のしかた …… 199
- ●個人事業者の住民税の納付　200

⑦ 事業税のしくみと納付のしかた …… 201
- ●事業税の課税対象となる事業　202
- ●事業税の標準税率　203
- ●「確定申告書」第二表への記入のしかた　203

⑧ 消費税の申告と納付のしかた …… 204
- ●消費税申告書の提出期限　204
- ●「消費税申告書」付表2の書き方　206
- ●「消費税申告書」（原則課税）の書き方　207
- ●「消費税申告書」付表5の書き方　208
- ●「消費税申告書」（簡易課税）の書き方　209

COLUMN　税務調査への対応のしかた　210

さくいん　212

表紙デザイン●水野敬一
本文DTP＆図版＆イラスト●伊藤加寿美（一企画）

1章

個人事業の経理はコレだけできればOK！

なんでも1人でやらなければならない個人事業主。まずは、最低限これだけは知っておきたいという「経理」の基礎から始めることにしましょう。

1-1 個人事業者の税金は「事業所得」にかかってくる

ここがポイント!
- 個人事業は自分で所得と税金を計算する
- 「収入」と「所得」は似て非なるもの

個人事業者は確定申告しなければならない

「個人事業者は確定申告がたいへん」というイメージがありませんか。これは、個人事業者の場合、**事業年度は1月1日から12月31日の1年間**と決まっているので、日本中の個人事業者が申告期限である3月15日までに一斉に確定申告を行なっているせいかもしれません。

個人事業者は、その従事している事業について、1年間の所得を自分で計算して納税するしくみになっています。なぜかというと、たとえ1年間の収入が同じ金額だったとしても、事業者によってかかる原価も違えば、経費も異なります。税務署では、それぞれの事業者がいくらの所得になるのか、いちいち計算することはできません。そこで、納税者が自分で所得を計算し、税金をいくら払うか求めることになっているのです。このことを「**申告納税制度**」といいます。

事業所得とは何か

個人事業者が確定申告をするときには、「**事業所得**」として申告することになっています。ちなみに、サラリーマンが会社から支給される給料は「給与所得」といいます。

事業所得とは、「**農業、漁業、製造業、卸売業、小売業、サービス業その他の事業から生ずる所得で、不動産所得、山林所得、譲渡所得を除いたもの**」をいいます。

事業所得は、対価を得て継続的に行なう事業が対象となります。不動産所得や山林所得も対価を得て継続的に行なっているものですが、所得の性質や担税力（税金を負担する力）の違いから事業所得とは区別しています。

ここでいう「所得」には、「収入」という意味もありますが、実は、この本で何度も出てくる所得とは、正確には「**利益**」や「**もうけ**」のこと

●事業所得は3つに区分できる●

営業所得
小売業、卸売業、製造業、修理業、サービス業（衣類仕立業、旅館業、クリーニング業、理髪業、美容業、浴場業、写真業等）、建設業およびその他の営業（道路運送業、金融業、不動産業、保険代理業等）などの事業から生ずる所得

農業所得
米、麦、野菜、花、果樹、繭などの栽培もしくは生産または農家が兼営する家畜、家きんなどの育成、肥育、採卵もしくは酪農品の生産などの事業から生ずる所得

その他の事業所得
自由職業、畜産業、漁業など営業および農業以外の事業から生ずる所得（いわゆるフリーランスのライター、カメラマン、プログラマー、デザイナーなどもここに入ります）

※自由職業とは具体的には、医師、歯科医師、獣医、弁護士、司法書士、税理士、公認会計士、土地家屋調査士、文芸作家、脚本脚色家、作曲家、画家、彫刻家、写真家、映画・演劇・テレビの監督および俳優、音楽家、舞踊家、講談・落語・浪曲・漫才その他の芸能家、職業野球の選手、力士、拳闘家、競馬の馬主、調教師、騎手、集金人、生命保険外交員、茶道・生け花または踊りの師匠、音楽個人教授、私立学校または私塾の経営者、芸妓（げいぎ）、ホステス、僧侶等をいいます。

をいいます。つまり「所得」とは、「収入から必要経費を差し引いたもの」を指しているので、このことをまず覚えておきましょう。

「個人事業者」となるのはどんな人？

ところで、「個人事業者」とはどんな人のことをいうのでしょうか。簡単にいうと、「**株式会社や有限会社のように会社組織にしないで事業を営む個人**」をいいます。個人事業にはあらゆるジャンルの事業が含まれ、それこそさまざまな形態があります。しかし、共通するのは、経営者であり、セールスマンであり、経理も行なう、と一人何役もこなさなければならないということ。個人事業者は経理に明るくなることも必須条件の一つです。なお実務上は、上図のように事業所得を大きく3つに区分しています。

1-2 収入と必要経費に含まれるものをマスターしておこう

- 事業から生じるものはすべて収入
- 個人的な生活費は必要経費にならない

収入となるもの・ならないもの

　事業所得は、総収入金額から必要経費を差し引いて計算します。

　収入の範囲は、**事業から生じる収入すべて**です。事業にかかる販売やサービスの提供に対する対価として受け取るものはすべて事業収入に含まれます。しかし、たとえば掛けていた保険が満期になって保険金を受け取った場合は、事業に関係ないものですから事業収入とはなりません。ちなみに、この満期保険金は一時所得になります。

　また、事業用の普通預金に利息がついても、利子所得となって事業収入にはなりません。

　一方、通常の販売ではありませんが、棚卸資産等を自家消費した場合には、その消費したときに販売があったものとして収入に計上します。

収入に計上する時期はいつか

　収入に計上するタイミングは、実際に現金をもらったときではなく、販売であれば**物の引渡しがあったとき**、サービスの提供であれば**サービスの提供が完了したとき**に収入が発生するので、そのときに収入すべき金額を計上します。したがって、売上代金が未収であっても収入にあげなくてはなりません。

　そのほか、デザイナーや弁護士等の士業である自由職業の場合、所得税を源泉徴収されて報酬・料金等を支払われることがありますが、この場合の収入は手取額ではなく、**源泉徴収される前の総額が収入金額**となります。

必要経費となるもの・ならないもの

　「**必要経費**」とは、事業収入に対応する売上原価、販売費及び一般管理費、その他業務について生じた費用のことをいいます。まだ支払ってい

●収入と費用の判断基準●

事業所得 ＝ 総収入金額 － 必要経費

事業収入になるもの

事業の販売およびサービスの提供にかかる収入
棚卸資産などの自家消費分

事業収入にならないもの

資産の譲渡による収入、利息収入、配当金収入

※たとえ事業用に使っていた車両の売却収入でも事業収入とはならず、譲渡所得の収入になります。

必要経費にならないもの

個人的な生活費、所得税、住民税、贈与税、延滞税、加算税、罰金・科料・過料、損害賠償金など

必要経費にならないが、所得控除の対象になるもの

国民健康保険料、国民年金保険料、生命保険料、地震保険料（＋一部の損害保険料）、医療費、寄付金など

※損害保険料については、事業に直接関係する火災保険や傷害保険などは必要経費になる場合もあります。

なくても、債務が確定していれば費用になります。

いうまでもありませんが、個人的な生活にかかわるものは必要経費にはなりません。具体的には、住居費、食費、教育費、娯楽費、医療費などの生活費があげられます。

しかし、自宅の一部を店舗としている場合や自宅を事務所にしている場合には、賃貸のときは家賃、自己所有のときは固定資産税の一部などは必要経費になります。水道光熱費や電話代、車両費なども業務に使っていることが明らかであれば必要経費となります。

1-3 「簿記」と「仕訳」について知っておこう

ここがポイント！
- 簿記は勉強しなくてもマスターできる
- 仕訳には守るべきルールがある

「簿記」の基礎となるのが「仕訳」

　毎日発生する取引やお金の出入りは、何らかの形で記録しておかなければ、収入や費用を計算することはできません。そこで、決められた帳簿に、一定のルールによって日々のお金の動きなどを記録することで、1年間の収入はどうだったのか、必要経費はどれくらいかかったのか、預金は増えたのかなどをわかるようにします。このような**帳簿の記録・計算する技法**を「簿記」といいます。

　簿記の勉強をしたことがなくても心配する必要はありません。これから本書を読み進んでいけば、具体的にどうすればよいのかがわかってきます。

　簿記のいちばん基礎になるものが「仕訳」です。仕訳は、一つ一つの取引について「金額はいくらで、何がどうなった」ということを**左右の科目と金額だけで表現できる**という点で非常にすぐれています。仕訳では、左側を「**借方（かりかた）**」、右側を「**貸方（かしかた）**」と呼びますが、あまり名称にこだわる必要はないでしょう。慣れてくると、仕訳を見ただけでどのような取引があったのかがわかるようになってきます。

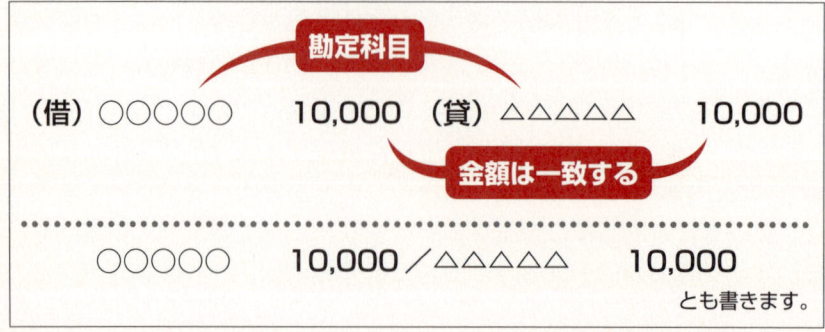

●左側は「借方」、右側は「貸方」●

（借）○○○○○　10,000　（貸）△△△△△　10,000

勘定科目／金額は一致する

○○○○○　10,000　／△△△△△　10,000
とも書きます。

この仕訳には決まりごとがあって、そのルールに従って正しく処理されていれば、誰が見ても、その仕訳が何を意味しているのかがわかるようになっています。
　ときどき、数字が苦手だから経理には向かないとか、好きになれないという人がいます。たしかに、簿記や仕訳には数字が出てきますが、実際に起きたことを表現するという意味では、むしろ文章力が問われるのかもしれません。具体的な例について、仕訳にするとどうなるのか見ていくことにしましょう。
　たとえば、手元現金が減った場合で考えてみます。

【例1】10万円を普通預金に預け入れた場合

　手元にあった現金が減って、普通預金が10万円増えたことになります。これを仕訳で示すと、左側に普通預金10万円、右側に現金10万円を記入します。
（借）普通預金　　　100,000　　（貸）現　　　金　　　100,000

【例2】5万円で机とイスを購入した場合

　左側は消耗品費、右側は現金とし、金額は5万円と記入します。
（借）消耗品費　　　50,000　　（貸）現　　　金　　　50,000

　この2つの仕訳から、現金が「減った」あるいは現金を「使った」ときは、右側に現金がくることがわかります。そして、左側には現金が減った（使った）原因がきます。
　では、次の仕訳の意味を考えてみましょう。どんな場面が想像できますか。

（借）現　　　金　　　20,000　　（貸）普通預金　　　20,000

　これは現金が左側にきているので、現金が増えたことを表わしています。その増えた原因は、普通預金から2万円を引き出したことを意味しています。そして、その2万円は現金として持っていることになります。
　仕訳のルールについては、28ページで詳しく解説します。

1-4 取引の記録のためには「勘定科目」が必要になる

ここがポイント！
- 資産、負債、資本、収益、費用に区分する
- 決算書の科目を基本にすると便利

貸借対照表と損益計算書に集計される

　日々の取引を仕訳することで帳簿に記録していくわけですが、その延長線上では、取引の内容を区分して集計するという作業をしていくことになります。このときに区分して集計する項目の名称を「**勘定科目**」といいます。

　日々の取引は、その性格によって「**資産**」「**負債**」「**資本**」「**収益**」「**費用**」として、大きな取引区分に分類していきます。その結果が、次項で説明する「**貸借対照表**」と「**損益計算書**」に集計されていくしくみになっています。勘定科目は、これらの取引区分の中身をさらに細かく分類したものです。

　たとえば、電気代、ガス代、水道代の支払いについては、大きな区分では「費用」になりますが、「水道光熱費」という勘定科目で仕訳処理をします。そうすると、毎月の取引は「水道光熱費」という勘定科目で帳簿に記載されて集計されるので、水道光熱費は毎月いくらかかっているか、年間でいくら使っているかが一目瞭然です。

勘定科目は自分で設定してもよい

　個人事業者の場合は、取引の記録は最終的には確定申告書に添付する**決算書**に集約されるので、勘定科目は決算書の科目を基本にすると便利です。もし既存の勘定科目にない取引があって勘定科目を設けたほうがよければ、科目を追加してつくることもできます。

　特に必要経費については、事業の種類によって、また個々の事業者によって必要な勘定科目は違ってくるはずです。ここでは、税務署から送られてくる「**青色申告決算書（一般用）**」に記載されている一般的な勘定科目を一覧表にしました。どんな勘定科目があるのかをまず確認しておきましょう。それぞれの勘定科目の内容については、24ページの「勘定

● 一般的な勘定科目の一覧 ●

資産	現金、当座預金、定期預金、普通預金、受取手形、売掛金、有価証券、棚卸資産、前払金、貸付金、建物、建物附属設備、機械装置、車両運搬具、工具器具備品、土地、その他資産、事業主貸
負債	支払手形、買掛金、借入金、未払金、前受金、預り金、その他負債、貸倒引当金、事業主借
資本	元入金
収益	売上高、雑収入
費用	期首棚卸高、仕入高、期末棚卸高、租税公課、荷造運賃、水道光熱費、旅費交通費、通信費、広告宣伝費、接待交際費、損害保険料、修繕費、消耗品費、減価償却費、福利厚生費、給料賃金、外注工賃、利子割引料、地代家賃、貸倒金、リース料、雑費、専従者給与
製造原価	期首原材料棚卸高、原材料仕入、期末原材料棚卸高、労務費、外注工賃、電力費、水道光熱費、修繕費、減価償却費、雑費、期首半製品・仕掛品棚卸高、期末半製品・仕掛品棚卸高 ※製造原価は、製造業、建設業を中心に使うもので、卸、小売、サービス業などでは通常は使いません。

※2006年5月から施行されている会社法により、「資本」は「純資産」に改正されましたが、本書は個人事業者向けの本なので、従来どおり「資本」と表記しています。

1章 個人事業の経理はコレだけできればOK！

科目マニュアル」をご覧ください。

　なお、同じ取引については、同じ勘定科目で継続して処理することが基本です。どの科目で処理したらよいかわからなくなったら、以前に処理したケースを参考にして処理するようにしましょう。

1-5 「貸借対照表」と「損益計算書」で事業の状態が把握できる

ここがポイント!
- ●貸借対照表は資産、負債、資本で構成されている
- ●損益計算書は収入と必要経費で構成されている

事業成績の総決算を行なう

　取引を仕訳して帳簿に記録した結果、1年分を集計した帳簿の残高から作成されるのが「**貸借対照表**」と「**損益計算書**」です。

　貸借対照表は、その年の12月31日現在の財産の状態を表わしています。一方、損益計算書は1月1日から12月31日までの1年間の経営成績を表わしています。貸借対照表と損益計算書が1年間の事業の成績表とか通信簿といわれるゆえんです。

　これらは、税務署に確定申告する際に添付しますが、税務署のためだけに作成するわけではありません。これによって、1年間における事業成績の結果を知ることができます。

3つの箱と2つの箱

　貸借対照表は、3つの大きな箱からできています。借方（左側）は「**資産**」、貸方（右側）は「**負債**」と「**資本**」の箱で構成されています。

　まず、資産の箱には、事業のために持っているプラスの財産が入っています。一番上は現金、つぎに預金、受取手形や売掛金という順番で、つまり現金になるのが早い順に並んでいます。資産の中身は事業用だけですから、個人的に使用している預金や自宅の土地・建物などはのせる必要はありません。

　つぎに、負債の箱には、事業のために負っている支払債務や借入金というマイナスの財産が入っています。支払手形、買掛金、未払金、借入金という順番で、つまり基本的に早く払わなければならない順に並んでいます。負債には、やはり事業以外の個人的な住宅ローンなどはのせる必要はありません。

　最後に資本は、元入金とその年の青色申告特別控除前の所得金額との合計額となります。

●貸借対照表と損益計算書の5つの箱●

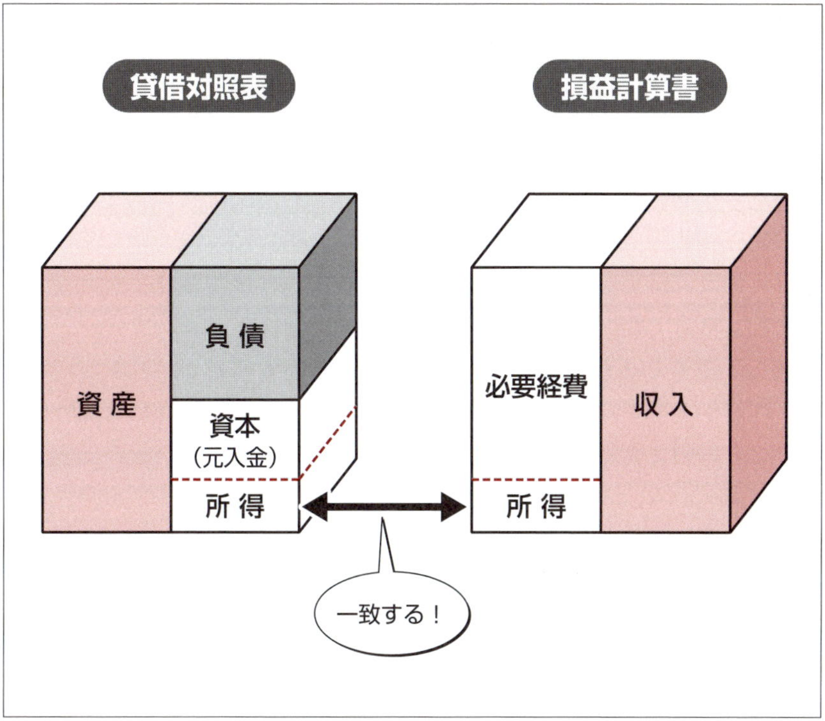

貸借対照表

資産 / 負債 / 資本（元入金）／ 所得

損益計算書

必要経費 / 収入 / 所得

一致する！

　損益計算書は、「**収入**」（**収益**）と「**必要経費**」（**費用**）の2つの箱からできていて、収入から必要経費を差し引いた残りが青色申告特別控除前の所得金額となります。

　貸借対照表と損益計算書の所得金額が一致してはじめて、取引を仕訳して帳簿に記録し、集計した結果が正しく計算されていることになります。

おまけの一言

貸借対照表は「バランスシート」「B／S」（ビーエス＝Balance Sheetの略）ともいいます。損益計算書は「P／L」（ピーエル＝Profit & Loss statementの略）ともいいます。

1章　個人事業の経理はコレだけできればOK！

1-6 会計ソフトを使うときはチェックが大切

ここがポイント!
- ●会計ソフトを使うと経理事務が簡略になる
- ●帳簿に記載するまでのしくみを理解しておく

経営の実態は本人しかわからない

　もうすでに事業をはじめている人も、これから事業をはじめようとする人も、**自分で帳簿をつけることに挑戦してほしい**と思います。一般的に個人事業者の事業規模だったら、自分で処理することが可能なボリュームにおさまっているはずです。そして何よりも、自分で働いて請求し、経費も自分の判断で使っているので、**一番情報をもっているのは個人事業主本人**ということになります。

　パソコンをつかって会計ソフトで処理をすれば、仕訳から帳簿記入、決算書作成という一連の流れは、かなり省略することができます。

帳簿類と会計ソフト上の残高は一致するか

　最近の会計ソフトは、簿記をまったく知らない人でも使えるように設計されています。

　仕訳を伝票形式で入力していくこともできますが、帳簿スタイルから入力することもできます。現金で動いたものは現金出納帳に、普通預金で動いたものは預金出納帳に入力すると、仕訳がわからなくても処理することができます。ただし、パソコンによる処理でいちばん怖いのは、**入力がたとえ間違っていても帳簿はできてしまう**、ということです。そこで、会計ソフトを利用する場合には、正しく処理されているかどうかのチェックが大切になってきます。

　チェックを行なう際には、帳簿の残高を合わせることがポイントになります。実際の現金有高と会計ソフトによる現金残高が一致しているか、普通預金通帳の残高と会計ソフト上の普通預金残高が一致しているか、借入金の残高が銀行借入返済表の残高と一致しているか、などについてチェックしていきます。

　チェックするには、自分が入力したデータがどのようなしくみで帳簿

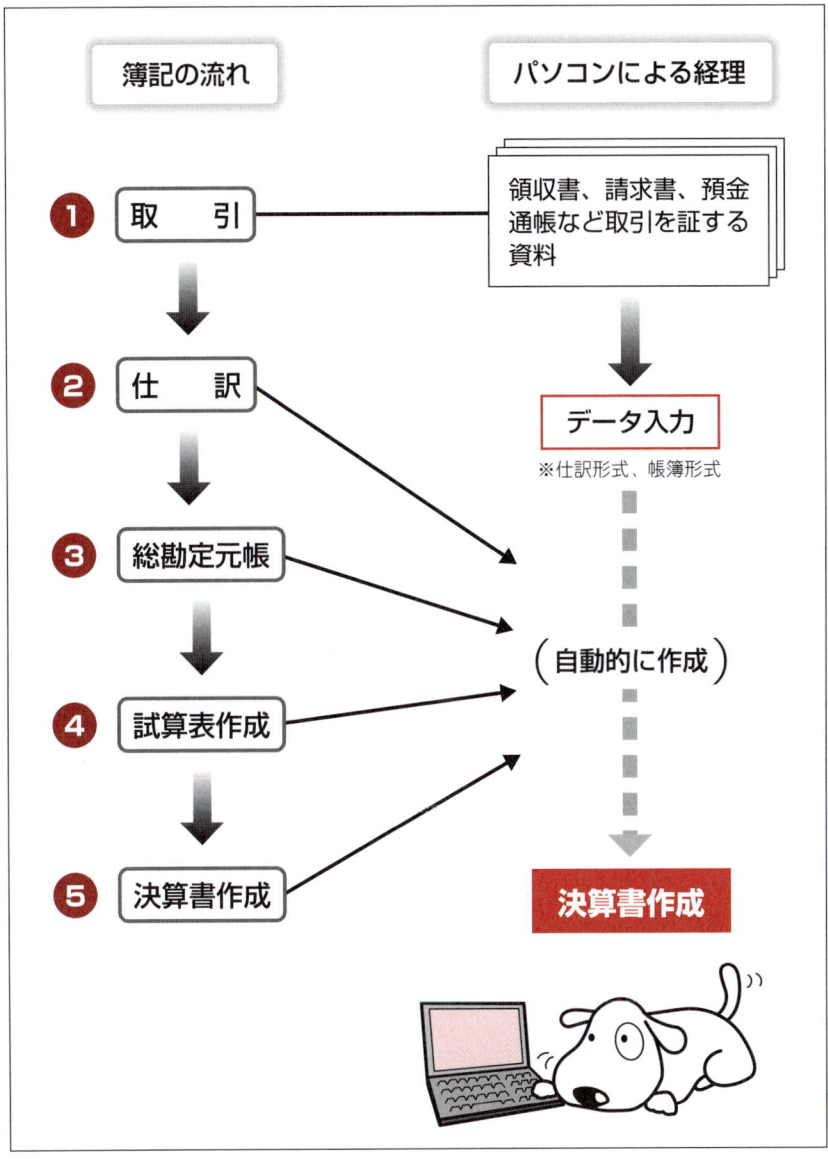

に記載されていくのかを理解することが大切です。会計ソフトを使うと、データを入力することで帳簿類は自動的に作成できますが、**簿記の流れが基本にある**ことは、自分で帳簿をつける場合と同じです。

COLUMN

勘定科目マニュアル

勘定科目	具体例
租税公課	固定資産税、自動車税、印紙税、事業税、各種の組合費、会費など
荷造運賃	梱包材料、配送費用、宅配便など
水道光熱費	水道料、ガス代、電気料、灯油代など
旅費交通費	電車代、バス代、タクシー代、出張宿泊代、定期代、ＪＲや地下鉄などのプリペイドカード
通信費	電話代、切手代、はがき代、電報料、テレフォンカード、インターネット使用料など
広告宣伝費	電話帳広告、駅や電柱の看板代、チラシ、名入りのマッチ、カレンダー、タオル、ホームページの作成費用など
接待交際費	取引先や事業関係者を接待するための飲食代、お中元、お歳暮などの贈答費用、取引先等への祝い金、見舞金、香典などの慶弔費用
損害保険料	火災保険料、自動車の損害保険料
修繕費	店舗、事務所、自動車、機械装置、器具備品などの修理、パソコンなどの保守料
消耗品費	ノート、ボールペン、コピー用紙などの文房具、耐用年数１年未満か10万円未満の備品の購入、洗剤や掃除用具など
福利厚生費	従業員のためのお茶、コーヒー、お茶菓子代、残業食事代、夜食、新年会や忘年会、慰安旅行、社会保険などの事業主負担分
給料賃金	従業員の給料、賞与、退職金など
外注工賃	外注業者への支払い
利子割引料	借入金の利子、受取手形の割引料
地代家賃	店舗、事務所、工場などの地代、建物家賃
貸倒金	売掛金、貸付金などの貸倒損失
リース料	電話機、ファックス、コピー機、自動車などのリース契約にもとづくリース料
雑費	事業上の費用で、他の科目にあてはまらないもの
専従者給与	奥さんや生計を一にする親族に支払う青色事業専従者給与

2章

日々の経理に必要な帳簿と記入のしかた

簿記・仕訳といわれてもピンとこない人のために、入金伝票・出金伝票から現金出納帳・総勘定元帳などの帳簿まで、そのしくみと記載のしかたをみていきましょう。

簿記の方法には「単式簿記」と「複式簿記」がある

ここがポイント！
- ●単式簿記は家計簿と同じ記入方式
- ●青色申告にするなら複式簿記がおトク

単式簿記なら帳簿をつけるのは簡単

　簿記には「**単式簿記**」と「**複式簿記**」の２つの方法があります。

　単式簿記は、複式簿記以外の簿記のことを総称しているので、やり方には幅がありますが、現金の出入りを基準にしてすべての取引を把握しようとするものです。

　一番身近な例では、「家計簿」や「おこづかい帳」があります。家計簿は、現金の出入りを毎日記録することで、今月はいくら使ったか、いくら残高があるかを知ることができます。しかし、何にどれくらい使ったかすぐにはわかりませんから、食費、住居費、教育費、被服費などに使った金額を分類して集計しなければなりません。帳簿をつけるのは比較的簡単ですが、事業取引をすべて把握するには不便です。

複式簿記は取引の原因と結果を記録する

　これに対して複式簿記は、すべての取引を仕訳することによって、**原因と結果という２つの側面を同時に把握**できるようになっています。取引には必ず原因があってその結果があるのです。これを帳簿に記録し、１か月単位で残高を集計していくと「**月次試算表**」というものができます。これを１年単位で集計したものが「**決算書**」です。

　複式簿記のすごいところは、財産の計算と損益の計算が同時にできてしまうところです。そして、「**資産から負債を差し引いた金額**」と「**収入から必要経費を差し引いた金額**」が一致するしくみとなっているので、正しく記録されているかどうかチェックできます。このチェック機能が複式簿記にはあるので、非常に信頼性の高いしくみとなっています。

　個人事業者は、基本的に複式簿記によって帳簿作成をすることが求められています。あとで詳しく述べますが、事業を行なう場合、「青色申告」にすると税金でトクすることがたくさんあります。この**青色申告の**

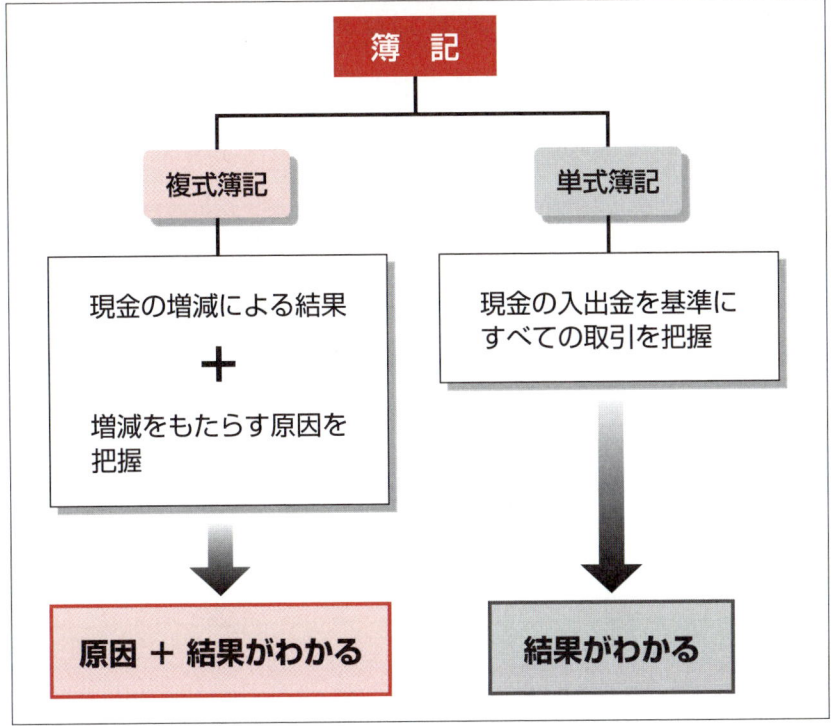

　基本は複式簿記なのです。ただし、青色申告でも単式簿記を基本にした帳簿作成が認められています。

　どちらを選ぶかは自由ですが、青色申告にした場合に認められている「青色申告特別控除」（所得金額から差し引くことができる特典）の金額は、**簡易簿記**による場合は10万円、複式簿記による場合は65万円、と大きく違ってくるので注意が必要です。

> **おまけの一言**
>
> 青色申告については、所得税法に定められていますが、「複式簿記」「単式簿記」という言葉はでてきません。複式簿記は「正規の簿記」、単式簿記は「財務大臣の定める『簡易簿記』の方法」と表現しています。本書では、複式簿記、簡易簿記という呼び方をしています。

2-2 仕訳の基本と借方・貸方のルール

- 仕訳の左右の金額は必ず一致する
- 仕訳は8つのパターンの組み合わせ

借方・貸方は習うより慣れろ

　簿記の基本は仕訳につきる、といっても過言ではありません。お金で表わせる取引はすべて仕訳で表現することができますが、そのためには仕訳のルールを身につける必要があります。

　仕訳は、左右それぞれの勘定科目と、左右が一致した金額で構成されています。簿記の世界では、この左側のことを「**借方（かりかた）**」、右側のことを「**貸方（かしかた）**」と呼びます。前述したように、簿記の用語にアレルギーを起こさずに、こういう決まりなんだ、と理解することが重要です。習うより慣れろです。

左側も右側もそれぞれ4つのパターン

　取引を表現するときには、その勘定科目がどういうときに左側にくるか、あるいはどういうときに右側にくるか、仕訳をする際の決められたルールがあります。

　そのルールとは、ズバリ、次ページ図にあるように**8つのパターン**があって、これらの組み合わせでいろいろな取引を表現しているのです。

　21ページの貸借対照表と損益計算書の箱の図をもう一度見てください。貸借対照表の左には「資産」の箱が、右には「負債」と「資本」の箱があります。損益計算書の右には「収入」の箱、左には「必要経費」の箱があります。**この左右の位置が、それぞれの定位置**と覚えてください。

　これを頭に入れて、この8つのパターンをみると法則が見えてくるはずです。その科目があるべき位置が増えるパターンで、その反対側にきたときは減るパターンになります。たとえば「資産」は、左側が定位置ですから、増えたときは左、減ったら右となります。

　この8つのパターンの組み合わせは、左側同士、たとえば「資産が増えた」と「負債が減った」という組み合わせはありえません。同様に、

● **仕訳の8つのパターン** ●

借方（左側）に記入	貸方（右側）に記入
資産が増えた	資産が減った
負債が減った	負債が増えた
資本が減った	資本が増えた
費用が生じた	収益が生じた

この8つのパターンの組み合わせを事例にあてはめてみると…

◎資産が増えた／資産が減った…現金でパソコンを買った
　（借）工具器具備品　200,000　　（貸）現　　金　200,000

◎負債が減った／資産が減った…未払金を普通預金から支払った
　（借）未 払 金　100,000　　（貸）普通預金　100,000

◎資産が増えた／負債が増えた…借金をして普通預金に預けた
　（借）普通預金　300,000　　（貸）短期借入金　300,000

◎資産が増えた／資本が増えた…開業に際し元入金を普通預金に入れた
　（借）普通預金　1,000,000　　（貸）元 入 金　1,000,000

◎資本が減った／資産が減った…事業主貸と元入金を相殺した
　（借）元 入 金　800,000　　（貸）事業主貸　800,000

◎費用が生じた／負債が増えた…掛けで仕入れた
　（借）仕　　入　150,000　　（貸）買 掛 金　150,000

◎資産が増えた／収益が生じた…現金で売り上げた
　（借）現　　金　50,000　　（貸）売　　上　50,000

右側同士の組み合わせもありません。左右での組み合わせだけが発生します。

　なお、簡易簿記の場合には仕訳をすることは省略されますが、実際には仕訳と同じ発想で処理しています。ですから、仕訳とはどういうものかということを理解することはとても大切です。

2-3 「入金伝票」「出金伝票」「振替伝票」を使うと便利

- 伝票には入金・出金・振替の3種類ある
- 現金がからまない取引は振替伝票を使う

伝票をメモ代わりに活用する

　取引があったら、一番はじめに仕訳を伝票に記入します。これが最もオーソドックスな複式簿記の手順です。

　伝票は、「**入金伝票**」「**出金伝票**」「**振替伝票**」の3種類があります。取引が発生したときにすぐに伝票に記入するのがベストですが、個人事業者の場合は自分で行なうケースも多いでしょうから、1日分をまとめてその日の夜か翌朝に処理することになるでしょう。

　パソコンを使って経理処理をする場合には、伝票自体を省略することが可能ですが、メモ代わりになるので伝票を使うと便利です。電車の切符や自動販売機で飲み物を買ったときは領収書がありませんから、自分で記録するよりほかありません。そういう場合に、積極的に伝票を活用するとよいでしょう。

入金伝票・出金伝票・振替伝票の使い方

　いうまでもありませんが、**取引の基礎資料となるのは領収書や請求書**です。この基礎資料にもとづいて伝票を起こしていきます。たとえば、入金伝票は、現金の入金があったとき専用で、いつ、どんな原因で、どこから、どうして、いくら入金したかを記入します。逆に出金伝票は、現金を出金したとき専用で、いつ、どんな原因で、どこへ、どうして、いくら出金したかを記入します。

　一方、振替伝票は、**現金の入出金以外のすべての取引を記入**します。具体的に一番多いのは普通預金が動いたときで、普通預金が増えたり、減ったりしたときに記録します。その際、現金がからむものは入金伝票や出金伝票で処理するので、振替伝票は起こしません。そうしないと一つの取引が二重に処理されてしまうからです。そのほか、手形を受け取ったときや手形を発行したとき、売掛金や買掛金が発生したとき、未収

●入金伝票・出金伝票・振替伝票の記入のしかた●

入金伝票 No.____
××年　×月　×日

科目	普通預金	入金先	○○銀行　　様

適要	金額
引出し	100000
合計	100000

普通預金から現金を引き出した

【伝票に記入する要素】
①処理をした年月日
②勘定科目
③取引の相手
④内容
⑤金額

出金伝票 No.____
××年　×月　×日

科目	通信費	出金先	○○郵便局　　様

適要	金額
切手代	4400
合計	4400

郵便局で切手を買った

振替伝票 No.____
××年　×月　×日

金額	借方科目	適要	貸方科目	金額
299500	普通預金	○○企画	売掛金	300000
500	支払手数料			
300000				300000

売掛金が入金した

　入金や未払金が発生したときなど、直接資金の動きがなくても債権・債務が発生したときにも振替伝票を使います。
　何といっても伝票が便利なのは、とりあえず伝票に記入しておけば、帳簿にはあとでまとめて記録することが可能なことです。

2-4 個人事業で必要になる帳簿はこれだ！

ここがポイント!
- 簡易簿記では現金出納帳など5つの帳簿が必要
- 複式簿記では総勘定元帳が必要になる

簡易簿記で必要となる帳簿は

　当然のことですが、簡易簿記と複式簿記では備える帳簿も違ってきます。まず、簡易簿記では、「**現金出納帳**」「**売掛帳**」「**買掛帳**」「**経費帳**」「**固定資産台帳**」の5つが標準装備です。必要に応じて「**預金出納帳**」と「**手形帳**」がプラスされます。これだけ必要となると、簡易簿記といってもそう簡単ともいえません。

　簡易簿記でも発生主義（取引が発生したときに記帳すること）が原則なので、売掛帳や買掛帳が入っていますが、日常的には現金や預金が動いたものだけを売上、仕入、経費として記録し、年末に残っている売掛金や買掛金を拾うことでカバーすることも可能です。取引が単純で1年間の取引数が少ない場合には、ふだんは現金出納帳と経費帳をつけておけば足りるでしょう。

複式簿記で必要となる帳簿は

　複式簿記の帳簿の基本は、「**仕訳伝票（仕訳日記帳）**」と「**総勘定元帳**」です。総勘定元帳とは、すべての勘定科目ごとの増減と残高を記録した帳簿です。そのほかに、必要に応じて「**補助簿**」をつくります。

　何度もいうようですが、複式簿記は仕訳から始まるのが基本です。原則は、仕訳伝票を起こすことから始まります。しかし、簡易帳簿（これは便宜的に帳簿に仕訳を入れることで仕訳伝票の代わりになる）をつけることによって、仕訳伝票を省略することも可能です。

　また、会計ソフトで経理処理する場合も伝票を省略することができます。この場合は、仕訳日記帳を出力しておくようにします。

　複式簿記のほうが一見すると作成する帳簿が簡単なようにみえますが、総勘定元帳のなかには、簡易簿記に必要とされる5つの帳簿のうち、固定資産台帳を除く4つの帳簿すべてが含まれています。さらに、簡易簿

● 簡易簿記と複式簿記で必要となる基本帳簿 ●

複式簿記

基本帳簿
- 仕訳伝票（仕訳日記帳）
- 総勘定元帳

簡易簿記

基本帳簿
- 現金出納帳
- 売掛帳
- 買掛帳
- 経費帳
- 固定資産台帳

記では把握されていない資産や負債などすべての勘定科目を網羅している帳簿ですから、総勘定元帳の守備範囲は広く、全体を包括している帳簿であるといえます。

　個人事業者は、複式簿記を基本とした総勘定元帳を作成するコースを選ぶのか、簡易簿記を選ぶのかを最初に決めなくてはなりません。会計ソフトなら、複式簿記による総勘定元帳が作成されるしくみになっています。

おまけの一言

　所得税法では、複式簿記の基本は「仕訳帳」と「総勘定元帳」となっているのですが、実務の世界では、仕訳帳はあまり使われず、伝票のほうが主流です。会社の場合は、伝票と請求書、領収書などの原始資料を添付して上司の承認を得るということが行なわれているので、伝票のほうが便利なわけです。その点、個人事業者は、承認を得るなどという必要はないので、なるべくシンプルにしたほうがよいでしょう。

2-5 必要となる補助簿の種類と記入のしかた

ここがポイント！
- 簡易簿記と複式簿記の場合で必要帳簿は異なる
- 会計ソフトを使えば自動的に補助簿は作成される

簡易簿記で必要となる補助簿は

　簡易簿記で帳簿をつける場合と複式簿記の場合とでは、必要となる補助簿の種類が違ってきます。

　まず、簡易簿記による場合の補助簿としては、「**預金出納帳**」「**受取手形帳**」「**支払手形帳**」があげられます。預金出納帳は、通帳の入出金が多い場合には作成したほうがいいでしょう。普通預金の通帳にメモをしている人がいますが、通帳だとあまりたくさんは書き込めないので、預金出納帳を作成して記録をしておくとあとで見て取引状態がよくわかります。受取手形帳や支払手形帳は、手形を使っていなければ当然必要はありません。

複式簿記で必要となる補助簿は

　複式簿記で帳簿をつけている場合の補助簿は、手形を扱っているケースではやはり「**受取手形帳**」と「**支払手形帳**」は必要になってきます。そのほかに、総勘定元帳の勘定科目の分類をもっと細かくしたものを必要に応じて作成します。

　普通預金の口座を複数もっているときは、通帳ごとに「**預金出納帳**」をつくってそれぞれの通帳の動きを分けて記録します。それぞれの預金残高を合わせることにより、記帳の間違いを防ぐことができます。

　売掛金については、得意先別の補助簿を作成することで、得意先ごとに今月いくら請求して売掛の残高はいくらあるのかを管理することができます。買掛金についても、仕入先ごとに今月いくら仕入れて、未払いがいくら残っているのかを管理することができます。

帳簿の形式は気にしなくてよい

　このように説明すると、何か大変そうですが、補助簿は自分のところ

● 簡易簿記と複式簿記で必要となる補助簿 ●

複式簿記

補助簿
- 預金出納帳
- 受取手形帳
- 支払手形帳
- 得意先別売掛元帳
- 仕入先別買掛元帳
- 固定資産台帳
  etc.

簡易簿記

補助簿
- 預金出納帳
- 受取手形帳
- 支払手形帳

　で必要な場合に作成するものですから、全部備える必要はありません。**フォーマットが印刷された帳簿**でもよいし、あるいは**ルーズリーフタイプで市販されているもの**を購入して使う方法もありますが、内容が全部網羅されていれば形式は気にする必要はないでしょう。もちろんパソコンで作成してもかまいません。

　会計ソフトを使う場合には、普通預金や売掛金、買掛金の補助簿については、勘定科目に補助科目を設定してデータ入力すれば自動的に補助簿を作成することができます。

　補助簿に記入するデータはすべて、主たる帳簿のデータと同じです。主たる帳簿のデータを細かく分類して帳簿をつくっているだけです。

　ただし、手形帳に関しては少し性格が違います。受取手形については、無事に決済されて入金するまで管理するために記録します。割り引いたり、裏書をして手形を支払いに回したときにもその顛末を記録しておきます。支払手形については、手形の支払期日を管理して資金繰りに役立てます。

2-6 「現金出納帳」の書き方と記載ポイント

ここがポイント!
- 入金伝票、出金伝票から転記していく
- 必ず日付順に記入していくこと

事業専用の金庫や財布を用意する

「現金出納帳」には、現金で動いた取引についてすべて記録します。その際、入金伝票、出金伝票から現金出納帳に記入していくのが基本です。伝票を省略する場合は、領収書から「支払った日付、支払先、内容、支払金額」を記入します。

現金出納帳は、**日付順に記入する**のがポイントです。現金出納帳に記録したときは、領収書にチェックマークをつけるか、「済」印を押すなどして、記帳モレがないようにします。また、やむを得ず領収書がないときは、出金伝票に記録するか、現金出納帳にその旨を記載します。

現金の動きは自分で記録しておかないと、経費が抜けてしまってもわかりません。事務所やお店を構えていれば、金庫やレジをもっているはずですが、1人でやっている個人事業者でも、事業専用の金庫を用意しておきましょう。金庫といっても、形にこだわる必要はありません。事業用専用のお財布でもいいわけです。

現金が不足したら「事業主借」勘定の利用を

現金出納帳で肝心なことは、その日の残高を記録することです。現金出納帳には、その日の現金の出入りを記録して、差引き残高を記入します。そして、その日の帳簿残高と実際に金庫にある現金の有高が一致してはじめて正しく記帳されたことになるのです。

よく、現金出納帳の残高がマイナスになっても平気で記帳している事業者の方がいますが、現金勘定がマイナスとは、どのような状態にあると思いますか。お金がなくても支払いをしたことになっているわけですが、事業資金のお財布が空っぽということは、実際には個人のお財布から借りて支払っていることになります。

現金が少なくなってきたら、事業用の預金から引き出しておくか、間

● 「現金出納帳」の記入例 ●

現金 出納帳

＿×＿年＿4＿月

日	相手科目	入金	出金	残高	摘要
				15,400	前月（前頁）より繰越
2	普通預金	100,000		115,400	××銀行より引出し
3	旅費交通費		49,000	66,400	大阪へ日帰り出張
4	会議費		3,700	62,700	打合せ昼食代

【現金出納帳の記載ポイント】

① 毎日つけるように心がける
② 日付順に記入する
③ 記入をしたら領収書やレシートにチェックマークをつける
④ 領収書のないものは、出金伝票やメモで記録を残す
⑤ 現金出納帳の残高と実際の現金が合っているか確認する

に合わなければ個人資金から事業用の資金に現金を入れておきます。この場合は「**事業主借**」という勘定科目を使います。こうすることによって、事業主個人からお金を借りたことを帳簿に表現したことになります。

なお、現金出納帳に記録すれば、総勘定元帳の現金元帳は省略してもかまいません。

2-7 「経費帳」の書き方と記載ポイント

ここがポイント！
- 簡易帳簿による場合は必要な帳簿
- 現金出納帳などの記入も忘れずに

支出は「現金」と「その他」に区分する

「経費帳」は、必要経費を勘定科目ごとに記録する帳簿です。ただし、簡易帳簿の場合は基本帳簿の一つですが、複式簿記で帳簿を作成する場合には必要ありません。

経費帳をつけることで「何に、いくら使ったか」がわかります。必要経費は、現金で支払うことが多いと思われますが、普通預金から自動引き落としになる場合や、振込み、カード支払いといったケースも考えられます。

経費帳に記入するときは、勘定科目ごとの帳簿に、**日付順により「現金」支出と「その他」の2つに区分**するようにします。摘要欄には、「必要経費の内容、支払相手先、支払方法」などを記入して、あとで領収書を見なくても、何に使ったかがわかるようにしておくと便利です。必要経費の勘定科目は、青色申告決算書にある経費科目を基本にすればいいでしょう。

カード支払いの場合は事業用以外と区分する

経費を現金で支払った場合には、現金出納帳に記入するとともに、経費帳へも記入することが基本です。

普通預金から自動引き落としで支出する場合は、預金出納帳を作成しなくても、通帳から直接「経費帳」に記入することも可能です。振込みによる場合も、通帳からの振込みにしておくと、支払先が印字されるのでそれが記録になります。

そのほか、個人のクレジットカードを使って支払う場合には、事業主から借りて支払ったときと同じ処理になります。経費帳には、実際に購入した日付で「その他」に区分します。

なお、クレジットカードは事業にしか使わないというのであれば区別

●「経費帳」の記入例●

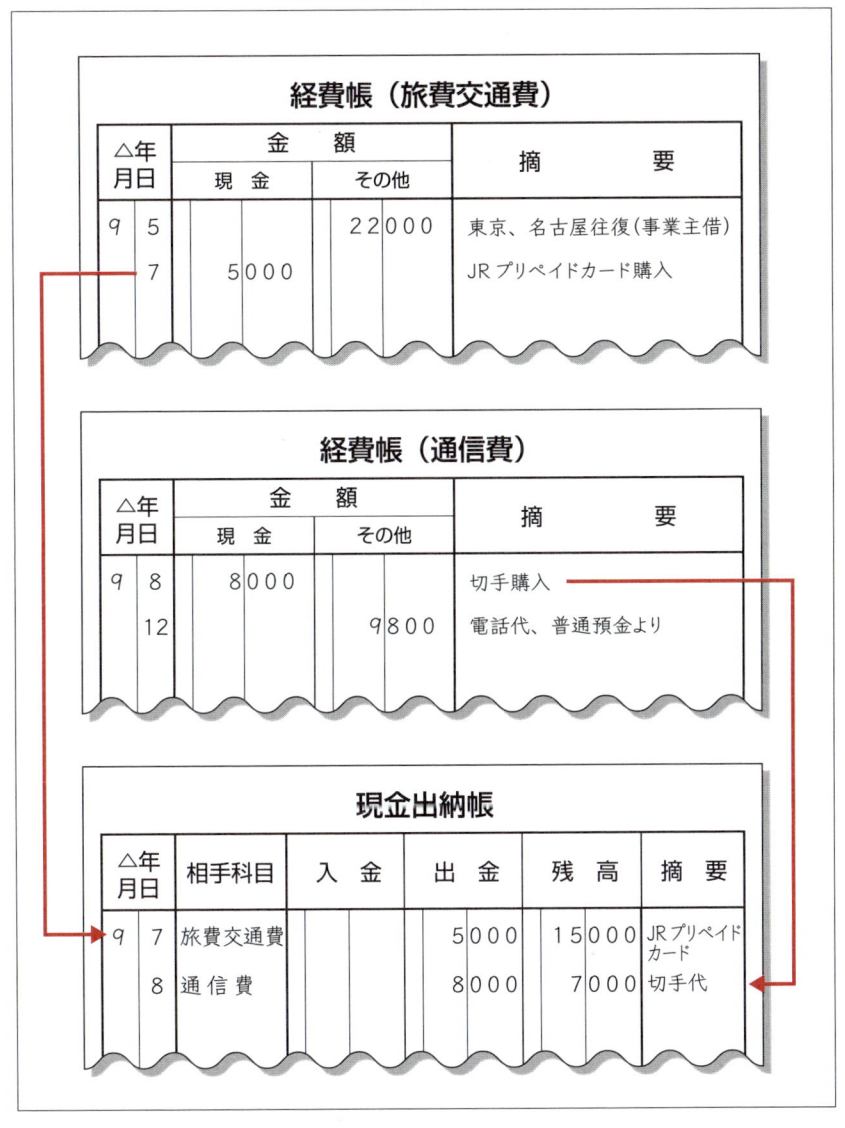

経費帳（旅費交通費）

△年月日	金額		摘要
	現金	その他	
9　5		22000	東京、名古屋往復（事業主借）
7	5000		JRプリペイドカード購入

経費帳（通信費）

△年月日	金額		摘要
	現金	その他	
9　8	8000		切手購入
12		9800	電話代、普通預金より

現金出納帳

△年月日	相手科目	入金	出金	残高	摘要
9　7	旅費交通費		5000	15000	JRプリペイドカード
8	通信費		8000	7000	切手代

する必要はありませんが、そのカードを個人的にも使う場合には、事業用で使ったのか個人用なのかを、いちいち区分しなければなりません。クレジットカードの引き落としを、事業用の口座とは別の口座にしておけば、個人と事業を明確に区分できます。

2-8 簡易帳簿で経理処理する場合のポイントと注意点

ここがポイント！
- 複式簿記と同じ発想で処理するとよい
- 青色申告特別控除は65万円控除も可能

5つの基本帳簿を備える

　複式簿記でなく単式簿記で経理処理すると全体を把握するには不便である、と前述しましたが、「**簡易帳簿**」を活用してその欠点をカバーし、複式簿記と同じ発想で処理していくことは可能です。

　簡易帳簿は、必要最低限の標準帳簿として5つの帳簿を備えることになっています（33ページ参照）。ところで、個人事業者が青色申告を選択した場合の「青色申告特別控除額」（所得から差し引ける金額）は、正規の簿記による場合は65万円、そうでない場合は10万円となっていますが、正規の簿記によらずに10万円の青色申告特別控除額でいいというのであれば、この5つの帳簿をそろえれば十分といえるでしょう。

　しかし、手間を惜しまずに正規の簿記に近い帳簿作成が実現できるのであれば、青色申告特別控除は65万円の控除額を受けることができます。その場合は、5つの基本帳簿に補助簿の「預金出納帳」を加え、手形を扱っていれば「受取手形帳」と「支払手形帳」も加えます。

　このほかに、上記帳簿以外の勘定科目を使うような取引が発生するときは、その勘定科目の元帳を新たに作成します。こうすることによって、簡易帳簿でも総勘定元帳と遜色のない帳簿組織にすることができます。

　簡易帳簿の場合に備えるべき5つの標準帳簿について、記載する際のポイントと注意点をあげておくと、次のようになります。

①現金出納帳

　日々の現金による取引をすべて記録する帳簿です。入金と出金の出入りと、現金の残高を記入し、取引の日付、取引の内容、相手先、金額を記録します。

　なお、現金にからんだ取引はすべて記入しますが、普通預金から現金を引き出してすぐに仕入代金を振り込んだという場合に、振込金額と引き出した金額が同額のときは、現金出納帳に記入する必要はありません。

●「簡易帳簿」のしくみ●

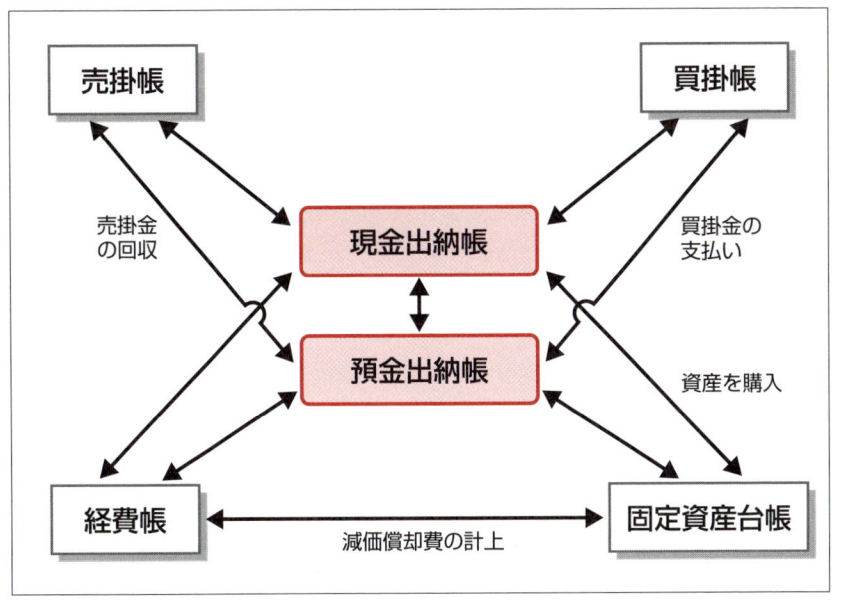

```
        売掛帳                              買掛帳
          ↑↓                                ↑↓
     売掛金        ↘    ↙              買掛金の
     の回収          現金出納帳            支払い
                     ↑↓
                   預金出納帳
                       ↕                    資産を購入
                  ↗        ↘
        経費帳                            固定資産台帳
              ←── 減価償却費の計上 ──→
```

②**売掛帳**（うりかけちょう）

　売掛金の発生（掛け売上の計上）と消滅（売掛代金の回収）を記録する帳簿です。取引先が多い場合には、得意先別に帳簿を作成します。

③**買掛帳**（かいかけちょう）

　買掛金の発生（掛け仕入の計上）と消滅（掛け代金の支払い）を記録する帳簿です。やはり、仕入先が多い場合には、仕入先別に帳簿を作成します。いうまでもありませんが、売上、仕入のすべてが現金取引の場合には、売掛帳と買掛帳は必要ありません。

④**経費帳**

　必要経費の発生を記録する帳簿です。現金で支払ったもの、普通預金で支払ったもの、そして未払いのものも含みます。

⑤**固定資産台帳**

　固定資産を購入したときに記入します。土地や建物、建物附属設備、機械装置、車両運搬具、工具器具備品など、1年を超えて使用するもの、取得価額が20万円を超えるものが対象となります。ソフトウェアや特許権などの無形固定資産も対象になります。

2-9 伝票から総勘定元帳への転記はこうする

ここがポイント!
● 1つの仕訳について2つの帳簿へ転記する
● 総勘定元帳で1年間の資金の動きがわかる

会計ソフトを使えば転記は不要

　複式簿記の流れは前にも述べましたが、まず取引を仕訳で表現し、これを伝票に記入することから始まります。伝票には必ず日付と勘定科目と金額を記入することになっています。

　次に、伝票に記載された日付と勘定科目、金額をそれぞれの帳簿に書き写す作業をします。このことを簿記の世界では、「**転記**」と呼んでいます。**1つの仕訳について必ず2つの帳簿へ転記**します。会計ソフトを使えば、この転記は自動的に行なわれるので実際に書き写すことはありません。ただし、会計ソフトを使いこなすには、どのようなしくみで総勘定元帳が作成されるのかを知っておくことが大切です。

伝票から元帳へ転記する流れ

　入金伝票と**出金伝票**は、必ず現金の元帳に、入出金の日付と相手科目、入出金額、摘要欄に取引内容を転記し、差し引きの毎日の残高を記入します。そして、入金伝票、出金伝票それぞれの相手科目の元帳にも、入出金の日付と相手科目である現金、入出金額、摘要欄に取引内容を転記します。

　振替伝票は、左右の勘定科目の元帳に、伝票の日付と相手科目、金額、摘要欄に取引内容を転記していきます。仕訳で表現した取引が、今度は勘定科目を軸に集計されていくと考えてください。

　伝票はその取引時点の記録ですが、勘定科目ごとに総勘定元帳に転記することで、その勘定科目の動きが日付順に並べられていきます。1年分の総勘定元帳にひと通り目を通してみると、1年間の資金の動きや必要経費を何にどれくらい、どのように使ったのかがよくわかります。

　総勘定元帳の資産、負債の残高は、その日現在の残高を示しています。これに対して、収入、必要経費の残高は、その年1月1日からその日ま

●入金・出金伝票から総勘定元帳への転記例●

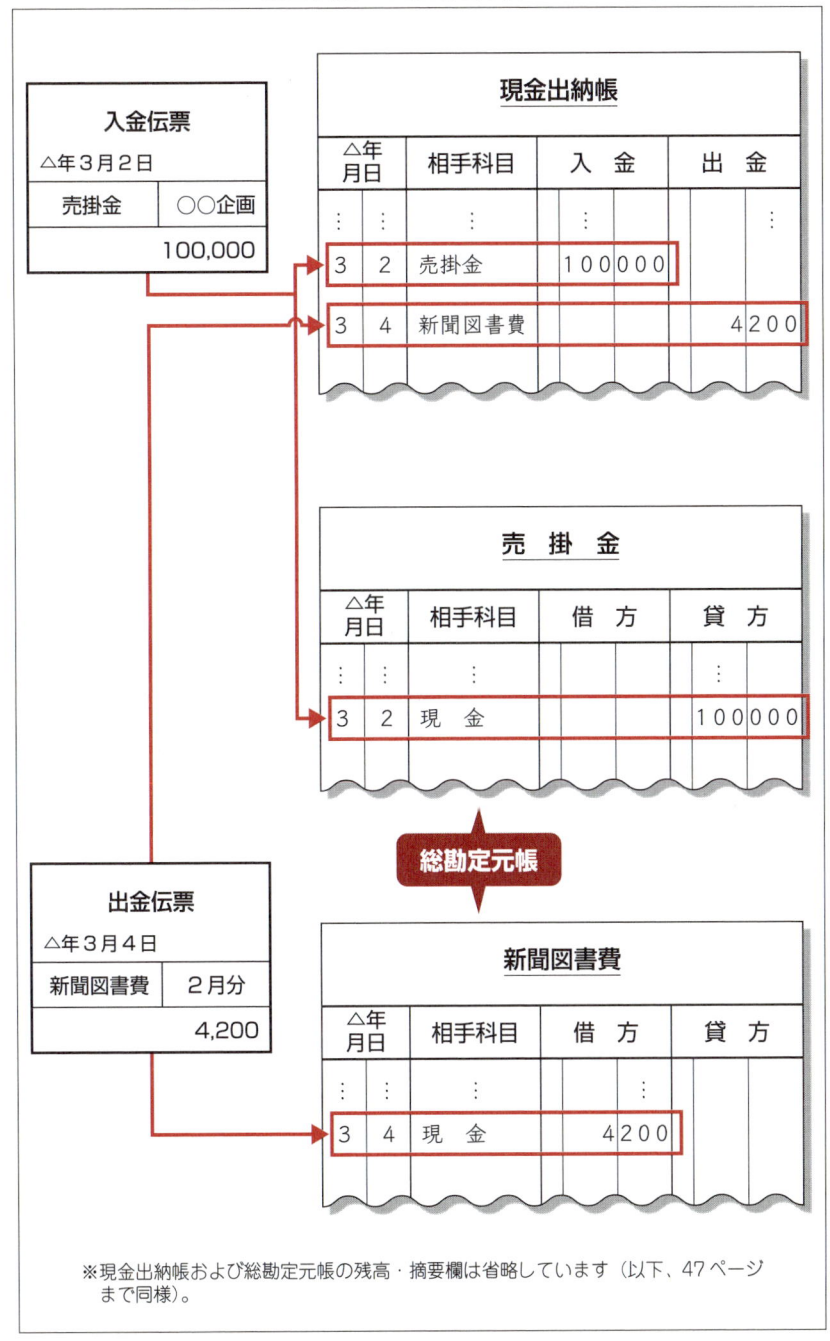

入金伝票

△年3月2日

売掛金	○○企画
	100,000

現金出納帳

△年月日		相手科目	入　金	出　金
⋮	⋮	⋮	⋮	⋮
3	2	売掛金	100000	
3	4	新聞図書費		4200

売　掛　金

△年月日		相手科目	借　方	貸　方
⋮	⋮	⋮	⋮	⋮
3	2	現　金		100000

出金伝票

△年3月4日

新聞図書費	2月分
	4,200

総勘定元帳

新聞図書費

△年月日		相手科目	借　方	貸　方
⋮	⋮	⋮	⋮	
3	4	現　金	4200	

※現金出納帳および総勘定元帳の残高・摘要欄は省略しています（以下、47ページまで同様）。

●振替伝票から総勘定元帳への転記例●

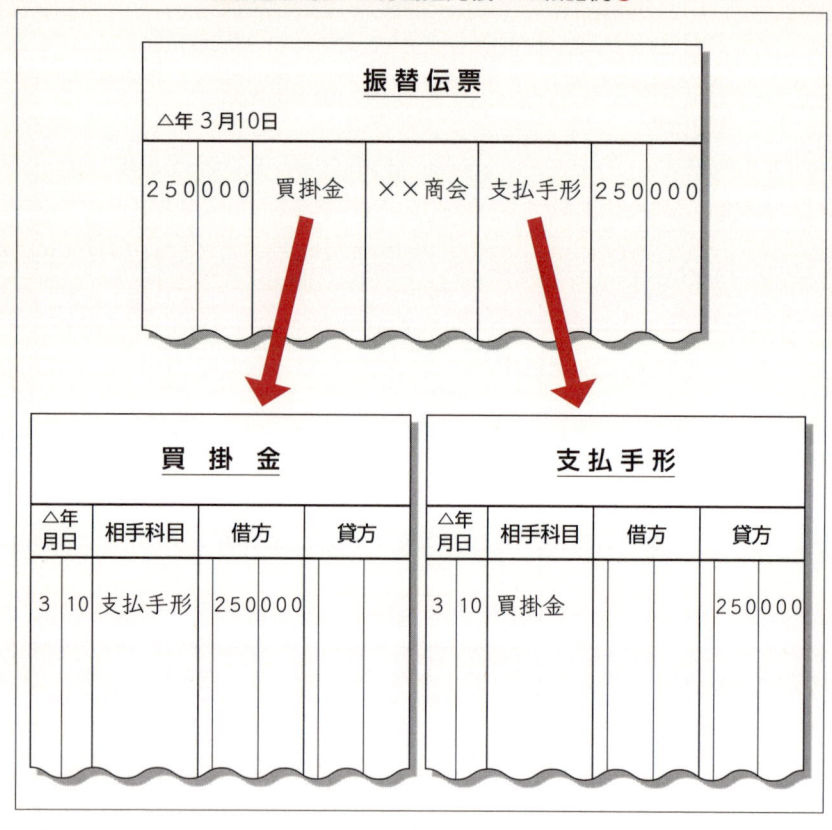

振替伝票

△年3月10日

| 250000 | 買掛金 | ××商会 | 支払手形 | 250000 |

買掛金

△年月日	相手科目	借方	貸方
3 10	支払手形	250000	

支払手形

△年月日	相手科目	借方	貸方
3 10	買掛金		250000

での累計を示しています。

おまけの一言

伝票から総勘定元帳へ転記する流れを見ていくと、伝票がいかに重要かがわかります。まず、伝票は内容を正確に記入することは不可欠ですが、起こしモレや逆に「二重仕訳」といって、同じ取引を2回、伝票にしてしまうことがあります。これを防ぐには、記入したらチェックマークをつける習慣をつけること、もう一つは、現金出納帳と預金出納帳を最初につけて、残高を合わせてから他の元帳に転記することです。

2-10 現金出納帳、預金出納帳から総勘定元帳への転記のしかた

ここがポイント!
- 現金と預金を通した取引は仕訳を省略できる
- 伝票形式の内容を帳簿にする「振替仕訳帳」を作成する

「振替仕訳帳」を利用すると仕訳は便利に

　複式簿記では、仕訳伝票を作成して1つの仕訳を2つの帳簿に転記するのが基本ですが、直接「現金出納帳」「預金出納帳」から「総勘定元帳」に転記することもできます。その場合は、現金出納帳と預金出納帳にはすでに記入ずみなわけですから、相手科目の元帳に転記するだけですみます。このことから、現金と預金を通した取引については、仕訳を省略できることがわかります。

　ここで問題なのは、現金の入金、出金を伴う取引や、預金通帳に入金したり、出金した取引については、すべて網羅されるのですが、それ以外の取引が抜けてしまうことです。

　そこで、この欠点をカバーするために、「**振替仕訳帳**」というものを作成します（47ページ参照）。これは伝票形式の内容を帳簿にしたもので、取引数が少なければ1か月1ページ程度の記入で、売上の発生、仕入の発生、経費の未払いなどの仕訳をカバーできます。

伝票を使う場合・省略する場合

　伝票を作成するオーソドックスなやり方では、伝票から2つの帳簿に展開するのですが、伝票を省略する場合は、ダイレクトに帳簿に記入していくことになります。**一番のポイントは「現金出納帳」**です。伝票の場合は、伝票さえモレなく記入しておけば、あとからでも帳簿記入はできますが、伝票を省略する場合は、現金出納帳は毎日シッカリと記入して残高を合わせておくことです。

　現金出納帳と普通預金出納帳、振替仕訳帳から総勘定元帳への「転記」を具体的にみてみると、46、47ページのようになります。

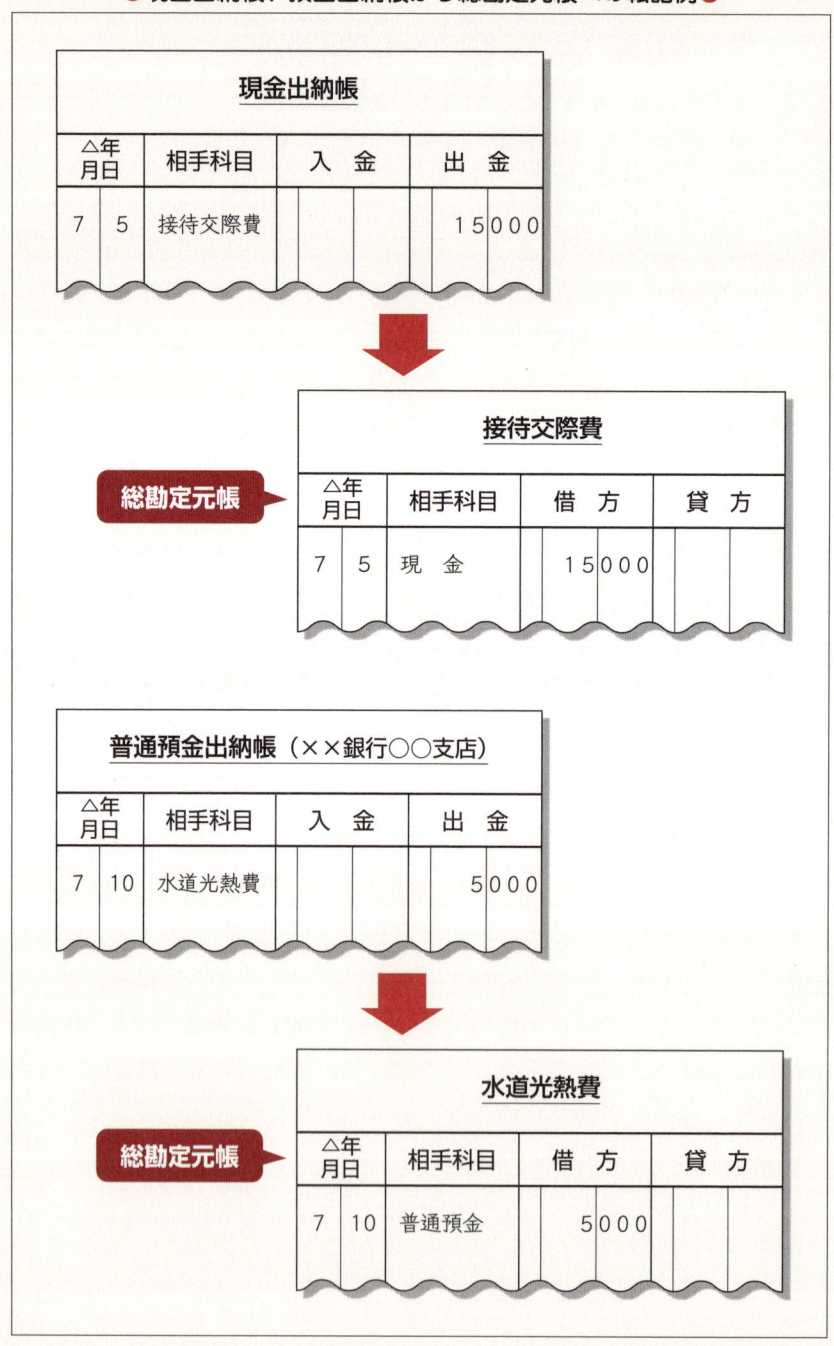

●現金出納帳、預金出納帳から総勘定元帳への転記例●

現金出納帳

△年月日	相手科目	入 金	出 金
7　5	接待交際費		15000

総勘定元帳

接待交際費

△年月日	相手科目	借 方	貸 方
7　5	現 金	15000	

普通預金出納帳（××銀行○○支店）

△年月日	相手科目	入 金	出 金
7　10	水道光熱費		5000

総勘定元帳

水道光熱費

△年月日	相手科目	借 方	貸 方
7　10	普通預金	5000	

●振替仕訳帳から総勘定元帳への転記例●

振替仕訳帳

△年 月日	借方科目	貸方科目	金額	摘要
7 31	売掛金	売 上	350000	A商会
7 31	外注費	買掛金	150000	B企画
7 31	修繕費	未払金	100000	C工事

売掛金

△年 月日	相手科目	借方	貸方
7 31	売 上	350000	

売 上

△年 月日	相手科目	借方	貸方
7 10	売掛金		350000

外注費

△年 月日	相手科目	借方	貸方
7 31	買掛金	150000	

買掛金

△年 月日	相手科目	借方	貸方
7 31	外注費		150000

修繕費

△年 月日	相手科目	借方	貸方
7 31	未払金	100000	

未払金

△年 月日	相手科目	借方	貸方
7 31	修繕費		100000

2章 日々の経理に必要な帳簿と記入のしかた

2-11 帳簿などはどのくらい保存しておけばよいか

ここがポイント！
- 帳簿類の保存期間は最長7年間、一部は5年間
- あとで検索できるように整理整頓して保存する

保存期間の起算日に注意する

　個人事業者は帳簿をつけることを義務づけられていますが、この帳簿やその他の領収書、請求書、納品書、預金通帳などの証ひょう類（基礎資料）はいったいどれくらいの期間とっておけばよいのでしょうか。

　これらの帳簿類は、事業の内容によってはかなりのボリュームになることもあります。保存スペースを考えると頭の痛いところですが、所得税法では**帳簿の保存期間を最長7年間**とし、**一部のものは5年間保存**しなければならないことになっています。

　ちなみに、7年間保存するものは帳簿類、決算書類、証ひょう類の一部（現金や預金に関係するもの）、5年間保存するものは7年間保存以外の証ひょう類ということになります。

　この保存期間の数え方は、**帳簿を締め切った日（通常は年末）または証ひょう類を受け取った日の翌年3月16日から起算**することになっています。1年ごとにダンボール箱などに詰めて、保存資料の適用年度と廃棄予定年月日を記載しておくとよいでしょう。

　たとえば、平成20年分の帳簿等は、平成21年3月16日から起算して7年間ということですから、平成28年3月16日に廃棄することができます。

受け取った請求書類は得意先別等にファイルする

　帳簿や証ひょう類は、ただ保存しておけばよいということではなく、整理整頓して保存することになっています。

　たとえば、帳簿類はファイル形式にします。領収書は量にもよりますが、ノートやスクラップブックを利用して、日付順に貼って保存するようにします。もっとも、保存方法に決まりがあるわけではありません。後日、領収書を見ようとするときに、簡単に見つかるように整理しておけば十分です。

● おもな帳簿類の保存期間 ●

	帳　簿　類	決算書類	証ひょう類
7年保存	総勘定元帳 仕訳伝票 （仕訳日記帳） 現金出納帳 手形帳 売掛帳 買掛帳 etc.	貸借対照表 損益計算書 棚卸表	領収書 請求書 預貯金通帳
5年保存			納品書、見積書 注文書、契約書 etc.

　なお、請求書や納品書、見積書などは、こちらから発行するものは、ボリュームがある場合には月ごとにファイリングしておくとよいでしょう。問題は、取引先からの請求書や納品書をどう整理するかですが、基本は得意先別にファイルするか、月別にファイルするかのどちらかです。毎月継続的に取引がある場合には、得意先別にファイルしておくと便利です。いずれにしても、整理整頓に決まりはないので、要は自分が見て使いやすいようにしておくことです。

● 領収書、レシートの整理のしかた ●

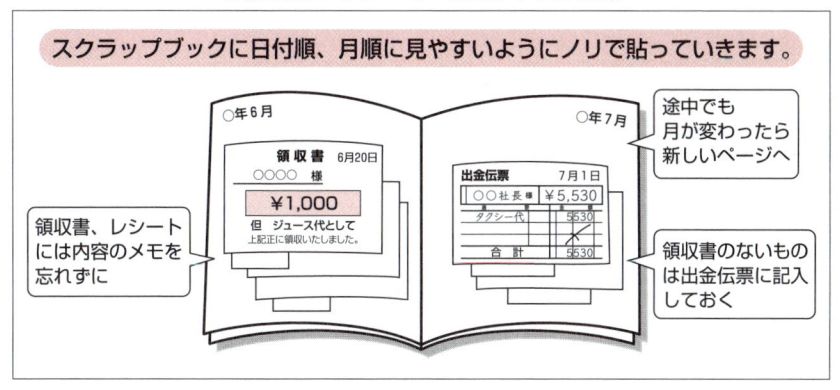

スクラップブックに日付順、月順に見やすいようにノリで貼っていきます。

領収書、レシートには内容のメモを忘れずに

途中でも月が変わったら新しいページへ

領収書のないものは出金伝票に記入しておく

○年6月
領収書　6月20日
○○○○　様
¥1,000
但　ジュース代として
上記正に領収いたしました。

○年7月
出金伝票　7月1日
○○社長㊞　¥5,530
タクシー代　5530
合計　5530

2-12 帳簿(ちょうぼ)をつけるにあたって これだけは厳守(げんしゅ)しよう

ここがポイント!
- 現金と通帳の管理をしっかり行ない、生活費と区別する
- 領収書やレシートには支払内容をメモしておく

個人的な生活費と事業の費用は明確に区別する

　これまですでに説明していますが、ここで個人事業者の方にぜひ日常的な習慣にしてほしい事柄についてまとめておきましょう。

　まず、**個人的な生活費と事業に関する費用とを明確に区別すること**です。そのためには、第一に「現金の管理」、第二に「通帳の管理」が必要です。

　現金については、事業専用の金庫をもうけて個人的な生活資金と事業資金を完全に区別することをぜひ習慣にしてください。金庫といっても大げさにかまえる必要はありません。専用のケース、あるいはお財布でもかまいません。

　金庫を別にしたからといって、がちがちに考える必要はありません。たとえば、事業の必要経費を現金払いするときに生活資金から支払ったとしても、その日のうちに事業用金庫から個人にその分返しておけば、事業用資金から支出したことになります。事業用の金庫の現金有高を数えて、現金出納帳の残高と合っているかをチェックします。

　預金通帳についても、個人用と事業用は区別します。自動引き落としや振込みでの支払いは事業用の通帳から支出すれば、計上モレを防ぐことができます。また、個人的な資金の動きを帳簿にのせる手間も省けます。

生活費は事業資金から個人口座に振り替える

　次に、個人事業者の生活費は事業を営むことでまかなっているわけですから、当然のことですが生活費は事業資金を使います。会社組織の場合と違って、個人事業者は事業用のお金から給与を出すという考え方はないので、自分で「毎月25日（あるいは月末）に50万円」というように**日にちを決めて一定の金額を生活資金として個人口座に振り替えるか**事

●帳簿をつける前に準備しておくこと●

1. 事業専用の金庫をつくる
2. 事業専用の預金通帳をつくる
3. 生活費は日にちと金額を決めて出す
4. 領収書、レシートは必ずもらう

⬇

個人と事業の区分を明確に

業用の預金から引き出すようにします。

　最後に、個人事業者は必ず領収書またはレシートをもらう習慣をつけてください。預金通帳から自動引き落としになったり、振り込んだものであれば記録が残りますが、現金で支払ったものは領収書がないと何も証拠書類が残りません。ですから、現金での支払いは領収書やレシートがとても大切なのです。

　領収書とレシートを見ただけでは、日付と金額、支払先はわかっても、何に使ったかという支払内容はわからないことがあります。必ずメモしておくようにしましょう。

領収書にはメモを忘れずに

COLUMN

会計ソフトの活用のすすめ

　本文でも、会計ソフトは便利で使い勝手もよくなっている、あるいは簿記を知らなくても簡単にできる、という話をしています。

　以前は、会計ソフトを導入するということは、まずパソコンの購入から始めて、パソコンを操作する人を雇って指導するというところから入ることがほとんどでした。ところが、パソコンの普及は目覚ましく、基本的な操作を教わる必要もなくなってきていますから、事業主自らが会計ソフトで経理処理するのも、そう難しいことではありません。そうなると、あとは会計ソフトを選択して購入するだけです。

　会計ソフトはたくさんの種類が出ていますが、個人事業者が使うのだったら、シンプルなものがお勧めです。会計ソフトによっては、部門別の処理ができたり、経営分析ができる機能がついているものもありますが、個人事業者が帳簿がわりに活用するのであれば、値段と使い勝手のよさがポイントになってきます。

　同業の個人事業者や税理士、友人など会計ソフトに詳しい人に相談して判断すれば失敗はないでしょう。

　だいたいどの会計ソフトでも、しくみ自体は大きく変わることはないので、心配する必要はありません。まったく簿記のことはわからない、あまり興味もないという人の場合は、伝票形式で仕訳を入力するのではなく、帳簿形式で入力できるものを選んでください。

　現金出納帳と預金出納帳を入力すれば、ほぼ必要なデータは入ります。残りはお金が動かないものの処理です。掛けによる売上、掛けによる仕入、未払いの経費などを拾って入力すれば、出来上がりです。入力が合っているかどうかは、現金残高や預金残高と必ずチェックすることが第一です。

3章

消費税の課税事業者になると こんな事務が必要

個人事業でも消費税の課税事業者となるケースが増えました。消費税で思わぬソンをしないために、そのしくみと事務処理で必要となる知識を身につけましょう。

3-1 消費税とはどんな税金か知っておこう

ここがポイント!
- 流通のあらゆる段階で課税が発生する
- 納税義務は事業者にある

負担するのは消費者だが、納税は事業者が行なう

「消費税」は広く消費一般に負担を求める課税ベースの広い税金です。買い物をすると、レシートに消費税額が記入されているので、"消費者が払っている税金"という感覚があるかもしれません。

たしかに、しくみのうえでは一般消費者を最終負担者と位置づけている税金ですが、実際に申告して国に税金を支払う**納税義務者は事業者**です。

消費税は、国内のほとんどすべての商品販売やサービスの提供が課税

●1つの商品でみる消費税が課税される流れ●

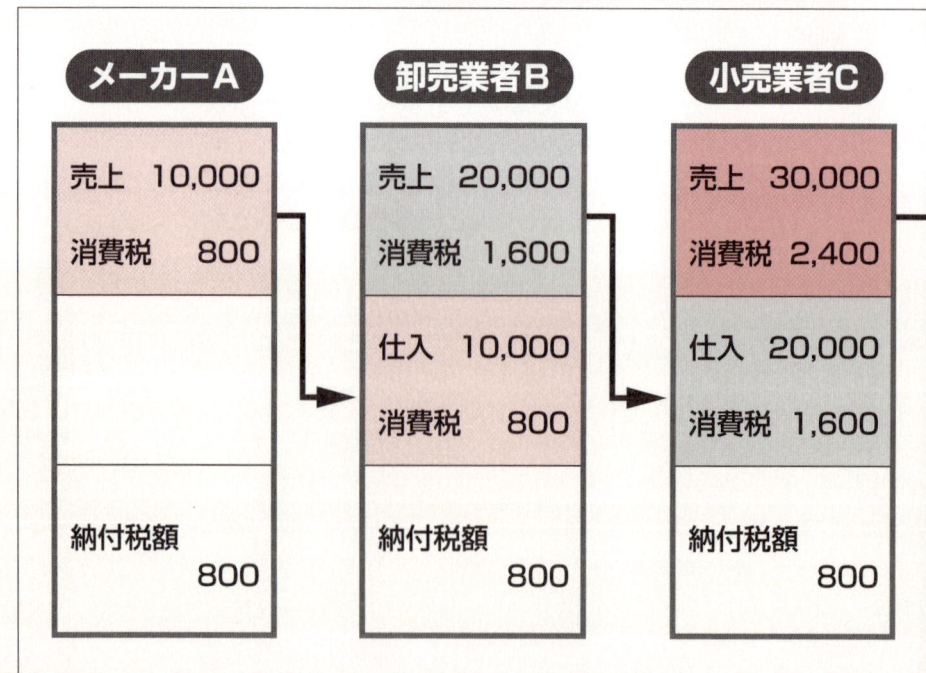

メーカーA	卸売業者B	小売業者C
売上 10,000 消費税 800	売上 20,000 消費税 1,600	売上 30,000 消費税 2,400
	仕入 10,000 消費税 800	仕入 20,000 消費税 1,600
納付税額 800	納付税額 800	納付税額 800

の対象となっているので、あらゆる段階で課税がおきます。たとえば、1つの商品の流通経路をたどってみると、メーカーから始まって、流通等の各段階で二重、三重に消費税が課税されることになります。そこで、前段階の事業者で課税された消費税については、売上にかかる消費税から控除するしくみになっています。

前段階で課税された分は控除できる

メーカーが製造してから消費者が購入するまでの流通の過程を通して、消費税の流れをみてみましょう。下図をご覧ください。

まず、メーカーAは卸売業者Bに1万円で商品を販売します。このときメーカーAは、売上1万円に対する消費税800円（1万円×8％）を申告・納税します。

つぎに、卸売業者Bは小売業者Cに2万円で卸売りしたとします。卸売業者Bは、売上2万円に対する消費税1,600円（2万円×8％）が課税となりますが、前段階（メーカーA）ですでに課税されているので、仕入にかかる消費税800円（1万円×8％）を控除して納税します。

最後に、小売業者Cは2万円で仕入れた商品を店頭で一般消費者に3万2,400円で販売したとします。小売業者Cは、売上にかかる消費税2,400円（3万円×8％）から前段階（卸売業者B）で課税された仕入にかかる消費税1,600円（2万円×8％）を控除して納税します。

このような流れによって、最終的に一般消費者は、商品を購入して代金を支払うことで消費税を負担するというしくみになっているわけです。

消費者

支払総額 32,400

消費税の負担 2,400

3-2 消費税の課税事業者となるのはどんな場合か

ここがポイント！
- 基準期間の課税売上高が1,000万円を超えると課税事業者
- 基準期間とはその年の前々年のことをいう

個人事業者でも課税事業者となるケースが多い

　消費税の納税義務者のことを「**課税事業者**」と呼びます。消費税の納税義務者は事業者ですが、事業者のすべてが納税義務者になるわけではありません。課税事業者になるかどうかは、年間売上高の大きさで決まります。具体的には、**基準期間の課税売上高が1,000万円を超えた場合**に消費税の課税事業者になります。

　まずは、あなたが課税事業者になるかどうかを、しっかりと判定することが必要です。

新規開業の場合、1年間は免税

　課税事業者になるかどうかを判定する「**基準期間**」は、個人事業者の場合、その年の**前々年**、つまり**2年前の期間**で判定します。たとえば平成26年分については、平成24年分（平成24年1月1日から12月31日）の課税売上高が1,000万円を超えるかどうかで判定します。

　年度が始まる前に課税事業者になるかどうかを決めておき、課税事業者になる場合には価格に転嫁しやすいしくみにしているわけです（現実には、転嫁できないケースもあるでしょうが…）。

　なお、新規開業の場合は、基準期間の課税売上高が存在しないので、開業1年めは無条件で免税事業者、2年めは「特定期間」の判定が必要です。

特定期間の判定が追加

　「**特定期間**」とは、個人事業者の場合は前年の1月1日から6月30日までのことをいいます。

　たとえ基準期間の課税売上高が1,000万円以下であっても、**前年の上半期（1月～6月）の課税売上高が1,000万円を超えるかどうかで判定**す

●基準期間および特定期間、課税期間の関係●

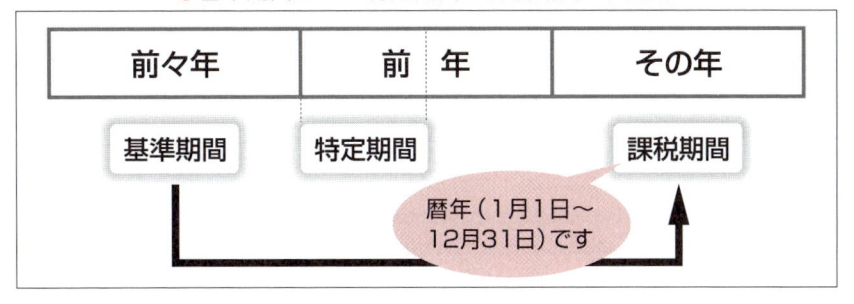

前々年	前年	その年
基準期間	特定期間	課税期間

暦年(1月1日〜12月31日)です

ることになります。課税売上高が1,000万円以下の場合は免税、1,000万円を超える場合でも課税売上高に代えて支払給与の額で判定することができるので、前年の上半期の支払給与の額が1,000万円以下であれば免税になります。支払給与の額が1,000万円を超えると課税事業者になってしまいます。たとえば平成26年分は、平成25年の上半期の課税売上高、支払給与の額の金額にもとづいて判定されます。

これまで基準期間の課税売上高のみの判定だったものが、特定期間の判定が加わり、免税事業者の判定がより厳密になったことに注意が必要です。

●新規開業の場合●

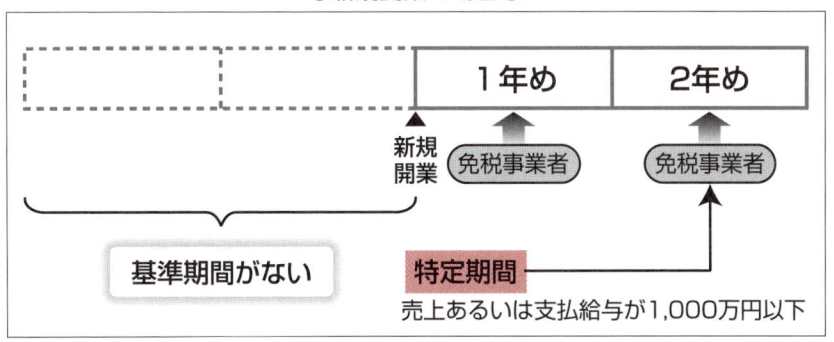

　　　　　　　　　　　　　| 1年め | 2年め |
　　　　　　　　　　　　　　新規　免税事業者　免税事業者
　　　　　　　　　　　　　　開業
基準期間がない　　　　　　　特定期間
　　　　　　　　　　売上あるいは支払給与が1,000万円以下

おまけの一言

消費税の「課税期間」とは、納付する消費税の計算の基礎となる期間のことをいい、個人事業者の場合は、原則として暦年(1月1日〜12月31日)となっています。したがって、所得税の課税期間と一致しているわけです。

3-3 消費税の「課税売上高」はこうして求める

ここがポイント!
- 売上値引き、売上割戻し等は控除できる
- 売上が税込みなら108分の100をかけて税抜きにする

課税売上高を算出するポイント

消費税の課税売上高は、国内において行なった「課税資産の譲渡等による収入の合計額」から売上値引き・返品や売上割戻し等を控除した金額をいいます。一般に使われている「売上高」と消費税でいう「課税売上高」とは、まったく同じわけではありませんが、個人事業者の場合は、「青色申告決算書」(白色申告の場合は「収支内訳書」)の売上高(収入金額)をもとに判定しても問題ないでしょう。

「課税売上高」を算出するポイントは、以下のようになります。
① 消費税および地方消費税抜きであること(地方消費税については63ページ参照)
② 売上値引き、返品、売上割戻しを含めない
③ 輸出免税分の売上は含める
④ 非課税取引は含めない
⑤ 貸倒れ分は含める

税込経理の場合の課税売上高の計算方法

消費税の処理方法には「**税込経理**」と「**税抜経理**」がありますが(68ページ参照)、決算書等で税込経理をしている場合には、税抜金額に計算しなおしてから課税売上高を判定します。具体的には、税込価格に「108分の100」をかければ税抜価格を求めることができます。

$$\underset{\text{(税込価格)}}{1,080,000円} \times \frac{100}{108} = \underset{\text{(税抜価格)}}{1,000,000円}$$

ただし、基準期間において免税事業者であった場合には、基準期間の売上には消費税が含まれていないと考えます。したがってこの場合には、

●課税売上高を算出するルール●

1. 消費税および地方消費税 ➡ **税抜きで計算する**
2. 売上値引き、返品、売上割戻し ➡ **含めない**
3. 輸出免税分の売上 ➡ **課税売上高に含める**
4. 非課税取引 ➡ **含めない**
5. 貸倒れ分 ➡ **課税売上高に含める**

決算書の売上高そのままの金額で判定することになります。

なお、消費税には非課税とされる取引があります。たとえば、個人医院の場合は、収入のうち社会保険診療収入については非課税売上となり、自由診療収入は課税売上となります。しかし、一般的な個人事業者の場合は、**ほとんど収入金額が課税売上となる**と考えてください。

また、基準期間に新規開業して、その基準期間が1年に満たない場合でも、売上高はそのままで判定します。会社の場合は、たとえば開業した基準期間が6か月しかなければ売上高を2倍するのですが、**個人事業の場合は1年分に換算しなくてもよい**ことになっています。

おまけの一言

法人の設立初年度の事業年度が7か月間で課税売上高770万円とすると、「770万円×12／7＝1,320万円」となり、課税事業者となるが、個人事業者の場合だと換算しないので（課税売上高は770万円のまま）、課税事業者とはなりません。

3-4 課税される取引と課税されない取引に区分する

ここがポイント!
- 給与・賞与や祝い金・見舞金は課税取引の対象外
- 消費税の法律で16の非課税取引が決まっている

国外取引や対価性のないものは課税取引とならない

　消費税は日本国内の販売やサービスの提供など、広く消費一般を対象とする税金です。ほとんどの取引が課税対象になる、と考えてもいいくらいです。しかし、課税されない取引もいくつかあるので、注意が必要です。

　まず、もともと消費税の課税対象から除かれているもの（**課税対象外取引**）があります。1つは「**国外取引**」で、消費税は日本国内の消費に限定した税金なので除かれています。もう1つは、「**対価性がなく資産の譲渡等に該当しないもの**」です。具体的には、資産の無償貸付や贈与、給与や賞与、冠婚葬祭に伴う祝い金、見舞金、香典等、心身または資産に加えられた損害に伴い受け取る損害賠償金などが代表的です。

課税対象になじまないものなどは非課税取引に

　課税対象となる取引は、大きく「国内取引」と「輸入取引」に分けられます。国内取引がほとんど大半を占めているのはいうまでもありません。輸入取引が課税になるのは、海外から輸入されたものは日本国内で販売され消費されることが明らかだからです。そこで、日本に入ってきた時点で、税関で直接課税されるしくみになっています。

　ただし、取引のなかでも「**非課税取引**」とされているものが一部あります。非課税取引は消費税の法律で決められていて、合計で16項目あります（62ページの図参照）。なぜ非課税になっているかというと、理由は2つあります。1つは、消費に対して課税するという消費税の性格からみて、課税対象とすることになじまないもので、もう1つは、社会政策上の配慮から課税対象としていないものです。

● 「課税対象外取引」となるもの ●

国内取引のうち
- 事業として行なわれるものではない取引
- 反対給付としての対価性を有しない取引

● 「課税対象外取引」の代表的な例 ●

対価性がなく資産の譲渡等に該当しないもの

① 資産の無償貸付
② 贈与（みなし譲渡は除く）
③ 同業者団体等の会費（対価性のないものにかぎる）
④ 受取保険金
⑤ 株式・出資の配当金
⑥ 寄付金
⑦ 給与、賞与（退職金を含む）
⑧ 出向社員にかかる給与負担金
⑨ 冠婚葬祭に伴う祝い金、見舞金、ご祝儀、香典等
⑩ 心身または資産に加えられた損害に伴い受け取る損害賠償金

国外において行なう取引

① 国外にある資産の譲渡または貸付
② 国外での請負工事
③ いわゆる三国間貿易
④ 国外間の輸送
⑤ 海外出張等にかかる外国のホテル代、食事代、交通費など
⑥ 海外出張のために支給する旅費、宿泊費、日当など

● 「非課税取引」となるもの ●

課税の対象とすることになじまないもの

社会政策上の配慮によるもの

● 「非課税取引」の例示 ●

課税の対象とすることになじまないもの

① 土地の譲渡、貸付
② 有価証券、支払手段の譲渡
③ 利子、保険料など
④ 切手、印紙、証紙の譲渡
⑤ 商品券、プリペイドカードなどの譲渡
⑥ 国、地方公共団体などの行政手数料
⑦ 国際郵便為替、外国為替など

社会政策上の配慮によるもの

① 社会保険医療など
② 一定の介護サービス
③ 一定の社会福祉事業など
④ 助産
⑤ 埋葬料、火葬料
⑥ 身体障害者用品の譲渡、貸付など
⑦ 学校の授業料、入学金、施設設備費など
⑧ 教科用図書の譲渡
⑨ 住宅の貸付

3-5 消費税はどのように計算するのか

ここがポイント!
- 売上にかかる消費税から仕入にかかる消費税を差し引く
- 原則方式と簡易な計算方法がある

消費税の税率は、実は「6.3％＋1.7％」

　消費税の税率は平成26年4月1日より8％に引き上げられました。でも実は、国税である「消費税6.3％」に地方税である「地方消費税1.7％」を合計して8％となっているのです。実務上は、8％で計算して差し支えありません。実際に、請求書や領収書を見ると、消費税を8％と表示しているのがほとんどですね。

　さて、事業者にとっては、いったい自分のところは消費税をいくら払うことになるのか、いちばん知りたいところでしょう。

　事業者が納税する消費税の計算は、「**売上にかかる消費税**」から「**仕入にかかる消費税**」を控除して求めます。これが基本中の基本となる考え方です。

　消費税のしくみは、流通のあらゆる段階で二重、三重に課税が発生するので、前段階で課税された消費税を控除することになっています（54、55ページの図参照）。売上に対して消費税はかかるのですが、前段階で課税されている仕入について支払った消費税は差し引いて納税するわけです。

【原則方式】
　消費税の納付税額＝課税売上高×8％－課税仕入高×8％

　ここで「課税仕入高」とは、1年間に支払った消費税のかかる経費（仕入、外注費、通信費、水道光熱費、店舗・事務所の家賃などの合計）と、消費税のかかる設備投資額の合計額をいいます。なお、給与・賞与や社会保険料、租税公課、生命保険料、支払利息などには消費税はかかりませんから、課税仕入には含まれません。

●簡易課税制度の適用要件●

① 「消費税簡易課税制度選択適用届出書」を提出していること
　　→ 適用を受ける課税期間の開始の日の前日までに提出していること

② 基準期間における課税売上高が5,000万円以下であること

では、具体的に納付する消費税額の計算をしてみましょう。

【例】●課税売上高　20,000,000円
　　　●課税仕入高　12,000,000円

　　　（売上にかかる消費税）　　（仕入にかかる消費税）
　　　20,000,000円 × 8％ － 12,000,000円 × 8％
　　＝1,600,000円 － 960,000円 ＝ 640,000円（差引消費税）

なお、基準期間の課税売上高が5,000万円以下である場合には、簡易な計算の方法を選択することができます（これを「**簡易課税制度**」といいます）。簡易課税制度を選択できるのは、上図にあげた2つの適用要件を満たした場合です。

【簡易な方法】
　消費税の納付税額
　　　＝課税売上高×8％－課税売上高×8％×みなし仕入率

3-6 「原則課税」と「簡易課税」の違いを知っておく

ここがポイント！
- 原則課税の場合は仕入にかかる消費税の計算が大変
- 簡易課税なら「みなし仕入率」をかけるだけ

簡易課税を使えば消費税の計算は簡単

　消費税の基本的な考え方は、売上にかかる消費税額から仕入にかかる消費税額を差し引いて、納付する消費税額を計算します。これを「**原則課税**」と呼びます。

　ところが、この原則課税の計算はそう簡単ではありません。売上は把握しやすいのですが、仕入に関しては課税取引とそれ以外（非課税取引や課税対象外取引）を正確に判定するのは実はたいへんなのです。

　そこで、実際の仕入にかかる消費税の計算をするかわりに、5つの業種（次ページの図参照）に分けて、課税売上高に一定の率（これを「**みなし仕入率**」といいます）をかけて課税仕入高とみなす方法が認められています。これを「**簡易課税制度**」と呼びます。

　簡易課税は、課税売上高さえしっかりと押さえれば、簡単に消費税の納付税額を計算することができます。ただし、簡易課税は基準期間の課税売上高が5,000万円以下の事業者でないと選択することができません（前ページ上図の適用要件を参照）。

簡易課税のみなし仕入率を使った計算例

　原則課税と簡易課税のどちらが有利かは一概にはいえません。個人事業者の場合には、事務処理が簡単な簡易課税を選択するケースが圧倒的に多いようです。

　簡易課税のみなし仕入率は、業種を5つに区分してそれぞれ異なる率を適用しています。自分のところがどの業種に該当するのか間違いなく判定することがポイントです。

　たとえば、課税売上高2,500万円の飲食店のケースで計算してみると、飲食店業は第4種になるので、みなし仕入率は60％で計算します。

●簡易課税の場合の5つの事業区分とみなし仕入率●

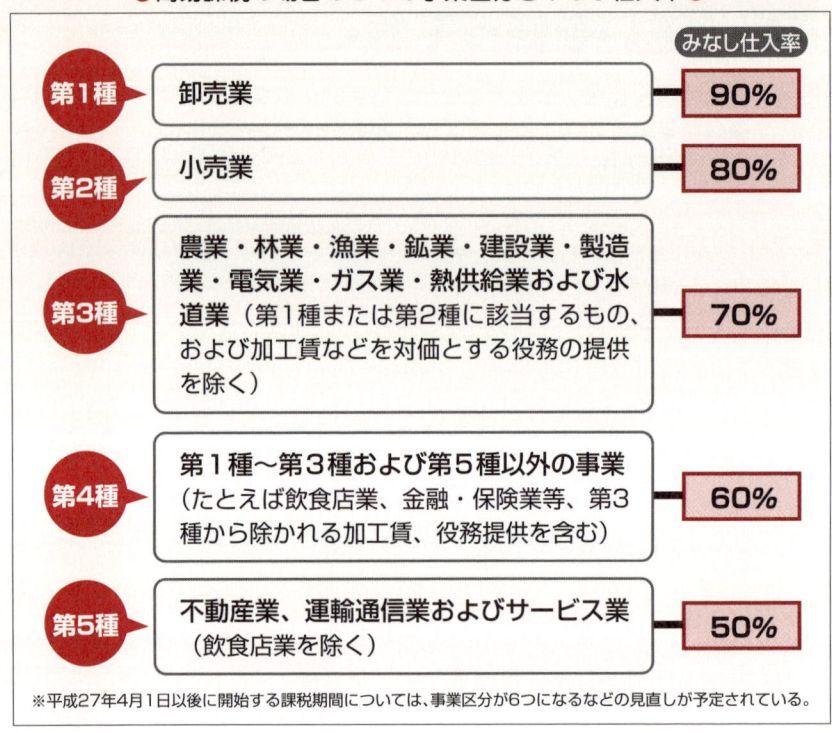

区分	事業	みなし仕入率
第1種	卸売業	90%
第2種	小売業	80%
第3種	農業・林業・漁業・鉱業・建設業・製造業・電気業・ガス業・熱供給業および水道業（第1種または第2種に該当するもの、および加工賃などを対価とする役務の提供を除く）	70%
第4種	第1種～第3種および第5種以外の事業（たとえば飲食店業、金融・保険業等、第3種から除かれる加工賃、役務提供を含む）	60%
第5種	不動産業、運輸通信業およびサービス業（飲食店業を除く）	50%

※平成27年4月1日以後に開始する課税期間については、事業区分が6つになるなどの見直しが予定されている。

---

①売上にかかる消費税
　25,000,000円×8％＝2,000,000円
②仕入にかかる消費税
　25,000,000円×8％×60％＝1,200,000円
③差引納付税額
　①－②＝800,000円

この場合、次ページ上図に示したように簡単に計算することもできます。上記の例では、次のように計算します。

25,000,000円×3.2％＝800,000円

●簡単に消費税を計算する方法●

$$概算消費税額 = 課税売上高 \times 8\% - 課税売上高 \times 8\% \times みなし仕入率$$
$$= 課税売上高 \times (1 - みなし仕入率) \times 8\%$$

事業区分	計算式	結果
第1種	（1－0.9）× 8％	**0.8%**
第2種	（1－0.8）× 8％	**1.6%**
第3種	（1－0.7）× 8％	**2.4%**
第4種	（1－0.6）× 8％	**3.2%**
第5種	（1－0.5）× 8％	**4%**

●簡易課税で計算すると消費税の概算額はこうなる●

事業区分	課税売上高		
	2,000万円	3,000万円	4,000万円
第1種	16万円	24万円	32万円
第2種	32万円	48万円	64万円
第3種	48万円	72万円	96万円
第4種	64万円	96万円	128万円
第5種	80万円	120万円	160万円

3-7 「税込経理方式」と「税抜経理方式」はどこが違うのか

ここがポイント!
- 税込経理なら仕訳に消費税はでてこない
- 税抜経理だと仮受消費税、仮払消費税の計上が必要

税込経理方式は個人事業者におすすめ

　消費税の経理処理には、「**税込経理方式**」と「**税抜経理方式**」の2つの方法があります。どちらを選択するかは事業者の自由です。特別な届出の必要はありません。

　税込経理方式は、小さな会社や個人事業者が採用しているケースが多く、税抜経理方式は、大企業をはじめとする原則課税を選択している事業者が多く採用しています。

　税込経理方式の場合には、すべての取引を消費税込みの金額で帳簿に記録します。個人事業者の場合は、処理が簡単なのでこの税込経理方式をおすすめします。

　税込経理方式では、売上は、請求する消費税込みの金額を「売上高」として計上します。仕入は、請求された消費税込みの金額を「仕入高」として計上します。その他の必要経費や固定資産を購入した際にも、消費税込みの金額で計上します。

　税込経理方式の場合には、納付する消費税額が利益に含まれてしまうので、納付する消費税額を計算して、まだ支払っていなくても「租税公課」として費用に計上することができます。

税抜経理方式だと仕訳が複雑に

　一方、税抜経理方式を簡単に説明しておくと、消費税に相当する金額は、売上高や仕入高などに含めないで区分した金額で処理します。売上は、請求金額のうち、消費税相当額を「**仮受消費税**」として区分し、残りの本体価格を「売上高」として計上します。仕入や必要経費の支払いおよび固定資産の購入については、代金に含まれている消費税相当額を「**仮払消費税**」として処理し、残りの本体価格を「仕入」「必要経費」「固定資産」として計上します。

●消費税の経理処理の2つの方法●

税込経理方式: 消費税額および地方消費税額を売上高・仕入高等にすべて含めた金額で処理

税抜経理方式: 消費税額および地方消費税額を区分して、売上高・仕入高等に含めない金額で処理

区分方法 ─┬─ 取引のつど区分
　　　　　└─ 期末に一括して区分

　税抜経理方式による場合には、消費税は損益には一切関係してきません。納付する消費税額は仮受消費税から仮払消費税を差し引いた金額になります。
　売上を計上する場合を例にして、経理処理のしかたを比べてみましょう。税抜経理方式の場合には、仕訳が2行になってしまいます。

```
【例】売上　　本体価格　　100,000円
　　　　　　　消費税　　　　8,000円
　　　　　　　請求金額　　108,000円
【税込経理方式の場合】
　（借）売　掛　金 108,000　（貸）売　　　　上　108,000
【税抜経理方式の場合】
　（借）売　掛　金 108,000　（貸）売　　　　上　100,000
　　　　　　　　　　　　　　　　　仮受消費税　　　8,000
```

COLUMN

フリーランサーの請求書の書き方

　特定の会社組織に属さないで自由契約によって働いている編集者やデザイナー、ジャーナリスト、コンピュータ関係のシステムエンジニア、プログラマーなどは「フリーランサー」と呼ばれています。

　これらのフリーランサーといわれる個人事業者は、新たに平成17年から消費税の課税事業者になるケースが多く見受けられました。平成17年より消費税の免税点となる売上高は3,000万円以下から1,000万円以下に引き下げられましたが、フリーランサーの年間収入金額は1,000万円超、3,000万円未満の層が多いことが要因です。

　フリーランサーが消費税の課税事業者になった場合、あまり売上原価や必要経費がかからない業種なので、簡易課税の選択をすることになるでしょう。消費税の負担は、消費税率8％の場合、収入金額（税抜き価額）の4％が目安です。したがって、2,000万円の収入だったら、消費税は80万円の納税となります。

　フリーランサーの場合、免税事業者のときでも本体価格に消費税を乗せて請求しているケースも多いと思われます。逆に、消費税を乗せて請求していない場合は、課税事業者になると消費税の負担が増えることは必至です。通常、フリーランサーの料金は力関係で決定されるので、課税事業者になったからといって、即座に消費税を上乗せするわけにはいかないかもしれませんが、料金設定は慎重に行なうことが求められます。

　ところで、個人の編集者やデザイナーは、出版社などから報酬が支払われるときに所得税を源泉徴収されることになっています。請求書を作成する際に、本体価格と消費税を区分しておけば、源泉徴収されるのは本体価格の10.21％（1回の支払金額が100万円を超える場合には超えた部分については20.42％）ですみます。覚えておくとよいでしょう。

　なお、平成25年1月1日より源泉所得税に対して2.1％上乗せとなる「復興特別所得税」が付加されています。

4章

「青色申告」にすると
これだけトクになる！

> 個人事業者の節税の基本は、やはり「青色申告」です。青色申告にするといろいろな特典がありますが、そのポイントと活用のしかたをみていきましょう。

4-1 「青色申告」を選択できる人とそのポイント

ここがポイント！
- ●青色申告にすると税金面・手続き面で特典がある
- ●事業所得者は誰でも青色申告を選択できる

「青色申告」とは何か

　「青色申告」とは、そもそも個人事業者が帳簿をきちんとつけることを推進するために、戦後間もなく設けられた歴史ある制度です。

　なぜ「青色」なのかというと、一般の申告と区別するために、申告用紙を青色としていたからです。青色以外の一般の申告は「白色申告」と呼んでいます。ただし現在は、申告用紙がOCR用に変わったため、青・白の色の区別はなくなりました。

　それはともかく、個人事業者にとって帳簿書類を正確に記帳するということは、今も昔も負担であることに変わりはありません。そこで、青色申告を選択した事業者には、帳簿書類を記帳することを条件に、税金の面や手続きの面でいろいろな特典がもうけられています。

　記帳の負担が軽いことと青色申告の特典とのどちらをとるかといったら、断然、**青色申告を選択して特典を活用したほうが有利**であることは間違いありません。

●所得税の納税制度●

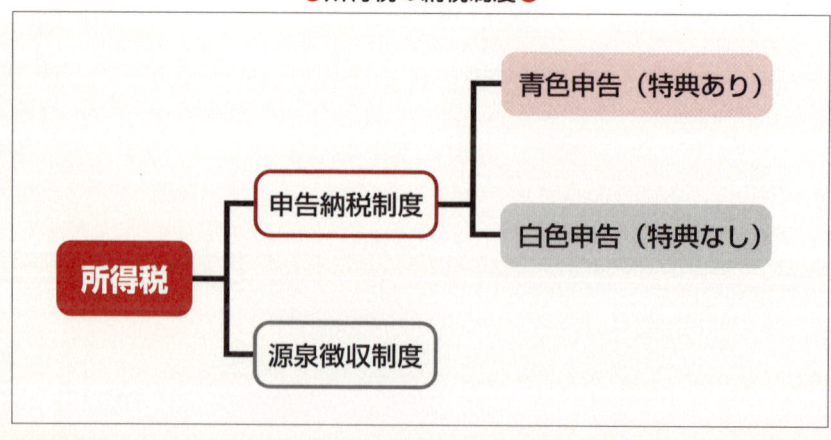

所得税
├─ 申告納税制度
│　├─ 青色申告（特典あり）
│　└─ 白色申告（特典なし）
└─ 源泉徴収制度

●青色申告を選択できる人●

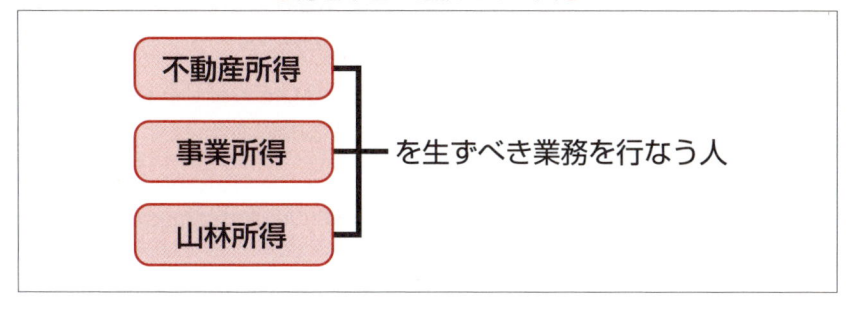

```
┌─ 不動産所得 ─┐
├─ 事業所得　 ─┼─ を生ずべき業務を行なう人
└─ 山林所得　 ─┘
```

　そもそも青色申告を選択していなくても、事業所得、不動産所得、山林所得の年間の合計額が300万円を超えたら記帳することが義務づけられています。したがって、最初から自分のスタイルに合った帳簿の種類や記帳の方法を決めて取り組んでほしいと思います。

青色申告を選択できるとき・できないとき

　青色申告は有利な制度ですが、誰でも選択できるわけではありません。不動産所得、事業所得、山林所得のある人に限定されています。したがって、給与所得しかないサラリーマンが青色申告を選択することはできません。

　また、個人事業者の場合はほとんど青色申告を選択できますが、例外として、以前に青色申告をしていたが税務署から承認を取り消された場合、あるいは自分の都合で取りやめた場合などは、その取消しや取りやめがあった日から1年以上経過しないと、新たに青色申告を選択することはできません。

●青色申告の適用要件●

❶ 法定の帳簿書類を備え付けて、取引を記録し、かつ保存すること

❷ 税務署長に青色申告の承認申請書を提出して、あらかじめ承認を受けること

4-2 青色申告にはいろいろな特典がある

ここがポイント！
- 青色申告特別控除、青色事業専従者給与などを受けられる
- 手続き面でも推計課税されないなどの特典がある

青色申告特別控除など税金面で有利な取扱い

　青色申告を選択すると、何と50項目を超える特典があります。といっても、特典のすべてがどの事業者にも当てはまるわけではありません。

　数あるなかで誰でも選択できる特典の代表は、「**青色申告特別控除**」（詳しくは80ページ参照）です。帳簿のつけ方などによって、特別控除額は65万円と10万円の2通りあります。10万円の特別控除は要件がきびしくないので、青色申告を選択すればまず誰でも受けられる控除額です。

　そのほか、所得税では家族へ支払った給与は必要経費になりませんが、青色申告だと「**青色事業専従者給与**」として必要経費にできます。事業用と家事上の経費を兼用している「**家事関連費**」についても、業務上必要なものについては帳簿に記録することで必要経費にできます。

　減価償却関係では、通常の普通償却に加えて、青色申告者の場合はさまざまな「**特別償却**」をすることが可能になります。ただし、適用要件に該当するかどうか確認する必要があります。

　また青色申告にすると、赤字が出た場合に、損失を**翌年以降3年間繰り越す**ことができたり、逆に前年に納めた税金の繰戻し還付を受けることもできます。貸倒引当金の計上もできます。

税務署から更正される際も取扱いは有利

　手続きの面でも青色申告者は保護されています。たとえば、帳簿調査にもとづかない更正を受けることはありませんし、税務署が更正をする際には、更正の理由を通知書に記載しなければなりません。ちなみに、「**更正**」とは、提出した確定申告書について税務調査により、税務署が申告内容の誤りを正すことをいいます。なお、納税者自らが誤りを訂正して申告する場合は「**修正申告**」といいます。

　また、「**推計課税**」といって、「この業種でこのくらいの規模だったら、

●青色申告を選択したときのおもな特典●

項　目	特典の内容
青色事業専従者給与	全額、必要経費に算入できる
家事関連費	取引の記録にもとづき業務の遂行上、直接必要であることが明らかなものは必要経費に算入できる
貸倒引当金	事業に関して生じた売掛金、貸金等について貸倒引当金の繰入額を必要経費に算入できる
減価償却費	中小企業者が機械等を取得した場合等に特別償却費を必要経費に算入できる
棚卸資産の評価	低価法による評価を選択できる
青色申告特別控除	所得を計算する際に65万円あるいは10万円を差し引くことができる
純損失の繰越し控除	損失がある場合、翌年以降3年間、繰越し控除ができる
純損失の繰戻し還付	損失がある場合、前年に支払った税額の繰戻し還付を受けることができる
更正の制限	税務署は帳簿調査にもとづかない更正をすることができない
更正の理由附記	税務署は更正をする際、更正通知書に更正の理由を附記しなければならない
推計課税	税務署は推計課税による更正・決定をすることができない
不服の申立て	更正があった場合に異議申立てか直接審査請求かを任意に選択できる

これくらいの所得があるはずだ」という税務署側からの推計による課税を受けることはありません。

　いずれにしても、新しく事業をはじめる事業者は、最初から青色申告を選択することをおすすめします。また現在、白色申告の事業者も青色申告に切りかえましょう。支払う税金に大きく影響してくるからです。

4-3 青色申告を選択するときの申請のしかた

ここがポイント!
- 青色申告を始める年の3月15日までに申請書を提出する
- 新規開業の場合は開業日によって提出期限が異なる

「青色申告承認申請書」を提出する

　青色申告を選択するには、納税地の所轄税務署に「**青色申告承認申請書**」を提出しなければなりません。すでに事業をはじめており白色申告にしている人は、**新しく青色申告を選択しようとする年の3月15日まで**に提出すればよいことになっています。新規開業の場合は、その年の1月1日から1月15日までに開業した人は**その年の3月15日までに**、1月16日以降に開業した人は**開業の日から2か月以内**に提出することになっています。

　これらの提出期限までに提出できなければ、青色申告の選択はまるまる1年先になってしまうので注意が必要です。

　申請書の用紙は税務署に行けばもらえますし、国税庁のホームページからプリントすることもできます。

申請書の控を同封して収受印をもらう

　申請書の提出は、税務署の個人課税窓口で受け付けていますが、郵送でもかまいません。その際には、税務署提出用と自分用の控を作成し、切手を貼った返信用の封筒を同封して収受印をもらうようにしてください。控がないと、いつ申請したのか自分でもわからなくなってしまいます。

　申請が承認されたかどうかは、その年の12月31日までに通知がなければ承認されたものとみなされます。通常は税務署の通知はなく「自動承認」といって、**何も通知がなければ承認されたものとみなす**ことになっているのです。

　なお、控を同時に作成して収受印をもらっておくのは青色申告承認申請書にかぎったことではありません。税務署など行政官庁に提出する書類については、必ず控をつくってファイリングしておきましょう。

● 「青色申告承認申請書」の書き方 ●

```
税務署受付印                                    1 0 9 0

          所得税の青色申告承認申請書

                    住所地・居所地・(事業所等)(該当するものを○で囲んでください。)
   神田  税務署長殿   納税地  千代田区神田淡路町3-1
                              (TEL 03-5256-0000)
                    上記以外の  納税地以外に住所地・事業所等がある場合は書いてください。
                    住所地・
                    事業所等  練馬区上石神井5-1
   平成2X年6月30日提出                   (TEL 03-5910-0000)
                    フリガナ  ウエダ  サブロウ      生年  大正
                    氏名    上田 三郎     ㊞  月日  (昭和)39年1月3日生
                                             平成
                    職業    デザイナー    フリガナ
                                         屋号
```

平成2X年分以後の所得税の申告は、青色申告書によりたいので申請します。

1 事業所又は所得の基因となる資産の名称及びその所在地(事業所又は資産の異なるごとに書いてください。)
　　名称　オフィス上田　　　　所在地　千代田区神田淡路町3-1
　　名称　　　　　　　　　　　所在地
2 所得の種類 (該当する事項を○で囲んでください。)
　　(事業所得)・ 不動産所得 ・ 山林所得
3 いままでに青色申告承認の取消しを受けたこと又は取りやめをしたことの有無
　(1) 有 (取消し・取りやめ)　　　年　　月　　日　(2) 無
4 本年1月16日以後新たに業務を開始した場合、その開始した年月日　2X年5月9日
5 相続による事業承継の有無
　(1) 有 相続開始年月日　　　年　　月　　日　被相続人の氏名　　　　　　　　(2) 無
6 その他参考事項
　(1) 簿記方式(青色申告のための簿記の方法のうち、該当するものを○で囲んでください。)
　　　(複式簿記)・ 簡易簿記 ・ その他(　　　　　)
　(2) 備付帳簿名(青色申告のため備付ける帳簿名を○で囲んでください。)
　　　(現金出納帳)・売掛帳・買掛帳・経費帳・固定資産台帳・(預金出納帳)・手形記入帳
　　　債権債務記入帳・(総勘定元帳)・仕訳帳・入金伝票・出金伝票・振替伝票・現金式簡易帳簿・その他
　(3) その他

【青色申告の承認が取り消される場合】
①帳簿の備え付け、記録または保存が法令の定めるところに従って行なわれていない場合
②帳簿書類について定める保存期限にもとづいて保存していない場合
③帳簿書類に取引の全部または一部を隠ぺいまたは仮装して記載または記録等した場合

部門	A	B	C	D	E

4章 「青色申告」にするとこれだけトクになる!

4-4 青色申告を選択した場合の記帳方法はこうする

ここがポイント!
- 青色申告は複式簿記によって帳簿をつける
- 簡易簿記や現金主義による帳簿作成もOK

正規の簿記の原則に従って記帳する

　青色申告の申請をしたら、「晴れてあなたは青色申告者です」といいたいところですが、そのためには帳簿書類を備えて取引の記録をしていかなければなりません。

　所得税法では、「**青色申告者は、事業所得の金額の計算が正確に計算できるように、仕訳帳、総勘定元帳、その他必要な書類を備えてすべての取引を正規の簿記の原則に従い、整然と、かつ、明瞭に記録しなければならない**」と定めています（所得税法施行規則の規定をまとめています）。

　法律の規定では、帳簿種類の名前として「仕訳帳」と「総勘定元帳」があがっています。つまり、青色申告は複式簿記によって帳簿をつけることを要件としているわけです。

　「正規の簿記の原則に従い」と、なにやらむずかしそうなことも規定していますが、"正確に帳簿を作成する"ことを強調しているのだと理解してください。

　また、複式簿記による帳簿の作成により、貸借対照表と損益計算書が作成されることを要求しています。そして、その作成した貸借対照表と損益計算書を確定申告書に添付することが青色申告の場合の帳簿作成の要件です。

記帳方法は大きく3つのコースに分かれる

　原則は、このように複式簿記による帳簿を作成することになっていますが、簡易簿記の方法によることも認められています。その場合は、貸借対照表はつくらなくてもよいことになっています。

　また、前々年の不動産所得の金額および事業所得の金額の合計額（青色事業専従者給与控除前の金額）が300万円以下の人は、現金主義によ

●備え付ける帳簿の３つのコース●

記帳方法	備え付ける帳簿の種類
正規の帳簿で記帳	❹貸借対照表と損益計算書を作成できる正規の簿記（複式簿記）にもとづく帳簿 ❷簡易帳簿を活用して貸借対照表と損益計算書が作成できる
簡易帳簿で記帳	①現金出納帳 ②売掛帳 ③買掛帳 ④経費明細書 ⑤固定資産台帳
現金主義による記帳	現金主義にもとづく、上記①、⑤の帳簿

る帳簿の記帳が認められています。ただし、複式簿記による記帳とそれ以外では、青色申告特別控除の金額が大きく違ってきます。

青色申告者といっても、記帳方法は大きく３つのコースに分かれています。第１のコースは**複式簿記**であり、第２のコースは**簡易簿記**、第３のコースは**現金主義による記帳**ということになります（上表参照）。

おまけの一言

現金主義による記帳とは、収入についてはその年に現実に入金したものを売上とし、費用については直接支払った費用の額を必要経費として計上することをいいます。したがって、売掛金、買掛金、未払金は計上する必要はなく、商品の棚卸しも必要ありません。現金主義を選択しようとするときは、その年３月15日までに「現金主義による所得金額の特例を受けることの届出書」を所轄税務署に提出します。

4-5 「青色申告特別控除」は誰でも受けられる

ここがポイント！
- 65万円控除を受けられるようにする
- 貸借対照表、損益計算書その他の明細書を申告書に添付する

青色申告特別控除は65万円と10万円の2コースある

「青色申告特別控除」は、青色申告を選択すれば誰もが受けられる青色申告の特典の代表的なものです。この青色申告特別控除は、帳簿の作成や決算書の添付書類の状況によって、「65万円控除」と「10万円控除」の2つのコースのどちらかを選択することになります。

青色申告特別控除は、その特別控除額を所得から差し引くことによって、この分については税金が課税されませんから、節税になることは間違いなしです。たとえば、65万円の特別控除を受けた人の所得税の適用税率が20％だとすると、13万円の税金が安くなる計算です。

ただし、赤字の場合は青色申告特別控除額を差し引くことはできません。

65万円の節税効果は魅力的

実は平成16年分までは、青色申告特別控除額は55万円、45万円、10万円の3つに分かれていました。しかし税制改正によって、平成17年分からは、55万円控除は10万円を上乗せして65万円控除とし、45万円控除は廃止され、10万円控除と2つのコースになりました。何はともあれ、個人事業者にとっては65万円を控除できるのはかなり魅力ですから、ぜひ活用するべきです。

65万円の青色申告特別控除を受けるためには、正規の簿記の原則に従った帳簿書類にもとづいて作成された貸借対照表、損益計算書その他の明細書を確定申告書に添付して申告することが要件です。そして、申告書を申告期限内、つまり3月15日までに提出しなければなりません。

10万円の青色申告特別控除は、簡易簿記または現金主義による取引の記録により、損益計算書を確定申告書に添付して提出すれば控除を受けられます。

● 青色申告特別控除は2つの控除額がある ●

65万円控除

(複式簿記による帳簿作成) ＋
(複式簿記による貸借対照表、損益計算書) ＋
(期限内申告)

10万円控除

(簡易簿記または現金主義による取引の記録)

※青色申告特別控除は、事業所得のほかに不動産所得があるときは、不動産所得からまず控除します。この場合、不動産所得から10万円控除したときは、事業所得からは65万円控除の要件を満たしていれば、残りの55万円を控除することになります。

COLUMN
住宅ローンを組むときは…

　個人事業者が住宅ローンを組むときには、3年分の確定申告書を求められることがあります。住宅ローンのみならず、金融機関に借入れを申し込む際には、確定申告書の提出を求められます。きちんと申告がされているかどうかの確認と、返済能力があるかの判断材料にするためです。

　過度な節税によって所得金額が少ないと、金融機関は「いったい生活費はどこから出ているのか」という疑問をもちます。税務署も同じような見方をします。新規開業後の赤字なら説明できますが、そうでない場合は、なぜ利益があまり出ないのか説明できるようにしておきます。住宅ローンを組むつもりがあるなら、逆にどれくらいの所得で、どれくらいの納税負担になるかシミュレーションして心積もりをしておくことも重要です。

4-6 家族へ支払った給与には「青色事業専従者給与」が認められる

ここがポイント!
- 届出書を提出すれば必要経費にできる
- 青色事業専従者と認められるためには要件がある

家族への給与は白色申告だと経費にならない

驚くかもしれませんが、所得税法は生計を一にする配偶者その他の親族に給料を支払っても、必要経費にすることを認めていません。実際に個人商店や飲食店などでは、家族の働きに大きく頼っているところもたくさん見受けられます。家族制のなごりなのかもしれませんが、制度そのものを見直す時期にきているという意見もあります。

ただし、青色申告の場合には、「**青色事業専従者**」の要件を満たせば、家族へ支払った給与は必要経費にすることが認められています。青色申告を選択してはじめて、家族への給与の支払いを必要経費として計上することができるわけです。

必要経費となる「**青色事業専従者給与**」と認められるためには、適用要件があります。ここで確認をしておきましょう。

まず、納税地の所轄税務署へ「**青色事業専従者給与に関する届出書**」を提出しなければなりません。

●「青色事業専従者給与に関する届出書」の提出期限●

① その年分以後の各年分について適用を受けようとするとき
　　→ その年3月15日まで

② その年の1月16日以後、新たに事業を開始した場合あるいは新たに事業専従者がいることとなった場合
　　→ 事業を開始した日や専従者がいることとなった日から2か月以内

●「青色事業専従者給与に関する届出書」の書き方●

```
税務署受付印                                    1 1 2 0

                青色事業専従者給与に関する 届 出 書
                                       変更届出

    神田 税務署長殿
                    納税地  住所地・居所地・事業所等(該当するものを○で囲んでください。)
                           千代田区神田淡路町3-1
                                      (TEL 03-5256-0000 )

  平成 2X 年 6 月 30 日提出
                    上記以外の  納税地以外に住所地・事業所等がある場合は書いてください。
                    住 所 地・  練馬区上石神井5-1
                    事 業 所 等           (TEL 03-5910-0000 )

                    フリガナ  ウエダ  サブロウ    生年  大正
                    氏  名   上田 三郎 ㊞      月日  昭和 39年 1月 3日生
                                                  平成
                    職  業   デザイナー    フリガナ
                                         屋 号
```

平成 2X 年 5 月以後の青色事業専従者給与の支給に関しては次のとおり
<u>定めた</u>ので届けます。
変更することとした

1 青色事業専従者給与（裏面の書きかたをお読みください。）

専従者の氏名	続柄	年齢／経験年数	仕事の内容・従事の程度	資格等	給　　　料		賞　　　与		昇給の基準
					支給期	金額（月額）	支給期	支給の基準(金額)	
上田 良子	妻	37歳／2年	経理事務	ナシ	月末	300,000円	7 12	2か月以内 2か月以内	

2 その他参考事項（他の職業の併有等）　　3 変更理由（変更届出書を提出する場合、その理由を具体的に書いてください。）

4 使用人の給与（この欄は、この届出（変更）書の提出日の現況で書いてください。）

使用人の氏名	性別	年齢／経験年数	仕事の内容・従事の程度	資格等	給　　　料		賞　　　与		昇給の基準
					支給期	金額（月額）	支給期	支給の基準(金額)	
山田 一	男	24歳／2年	デザイナーの補助		月末	250,000円	7 12	2か月以内 2か月以内	

※ 別に給与規定を定めているときは、その写しを添付してください。

4章 「青色申告」にするとこれだけトクになる！

●「青色事業専従者」と認められるための要件●

1 生計を一にする配偶者その他の親族であること

2 その年の12月31日現在で15歳以上であること

3 その年を通じて6月を超える期間、事業にもっぱら従事していること

※「もっぱら従事」の意味は、専業として働いていることをいいます。基本的に他の職業についている人は「もっぱら従事」には該当しません。高校、大学ほか専門学校などの生徒や学生は、夜間の授業を受ける人、あるいは夜間営業に従事する人が昼間の授業を受けるときは、「もっぱら従事」となります。

　次に、青色事業専従者給与の金額は、「青色事業専従者給与に関する届出書」に記載した方法に従って、その記載されている金額の範囲内で、青色事業専従者に給与を支払われなければなりません。たとえば、業績が悪くて届出書に記載した金額を支払うことができなくても、届出書に記載した金額の範囲内であれば問題ありません。

　最後に、青色事業専従者には一定の要件があって、その要件を満たしているかどうかが問題となるので確認をしておきましょう（上図参照）。なお、青色事業専従者になると、たとえ給与収入が103万円以下であっても、**配偶者控除や扶養控除の適用は受けることができない**ので注意が必要です。

白色申告には「事業専従者控除」がある

　白色申告の場合には**「事業専従者控除」**として、原則として専従者1人につき50万円（配偶者は86万円）を必要経費に入れることができます。ただし、控除額が「事業所得の金額÷（専従者数＋1）」の算式で計算した金額を超えるときは、事業専従者1人につき、その計算した金額を必要経費にすることができます。事業専従者の要件は、①納税者と生計を一にする配偶者その他の親族であること、②その年12月31日現在で年齢が15歳以上であること、③その年を通じて6か月を超える期間、納税者の経営する事業にもっぱら従事していること、です。

COLUMN

事業への姿勢が節税につながる

　節税については、書籍や雑誌、ネットなどいろいろな情報がありますが、「常日頃の努力が節税の王道」ではないか、というのが私の結論です。

　収入をごまかすことは、愚の骨頂であることは言うまでもありません。実は、収入金額は税務署が調べるのも簡単で、ごまかしてもすぐにわかってしまいます。しかも、収入金額がいい加減ということは、ほかの必要経費にもあらぬ疑いがかかる可能性があります。

　となると、節税は「必要経費をいかに有効に使うか」というところに行き着きます。

　必要経費の考え方は、ある意味では、人生観、価値観にかかわるものかもしれません。個人事業者が自分への投資をする場合に、どこまで必要経費になるのかというテーマです。少し大げさかもしれませんが、必要経費に対する考え方は、その事業者の仕事への姿勢、生き方につながってくるというのが私の見解です。

　たとえば、同業者とのコミュニケーションをとる、いろいろな会合に参加して勉強する、そのためには地方に出かけたり、時には海外視察もあるかもしれません。これらに要する費用は、たしかに個人的な楽しみも含まれているかもしれませんが、個人経営者としての当然の行動ともいえるでしょう。

　では、スーツや靴、かばんの購入費は必要経費になるのでしょうか。これは、やはりかかった服飾費をすべて必要経費とするのは無理としても、事業専用として購入して、実際にそのように使用していれば必要経費として主張できると考えます。もちろん、「常識の範囲内で」という言葉を付け加えておきますが。

4-7 青色申告なら「家事関連費」を経費にできる

ここがポイント！
- ●業務上必要な家事関連費は必要経費にできる
- ●事業に関連した支出は自主的に処理する

「家事関連費」とはどんな費用か

　個人が支出する費用は、大きく3つに区分できます。1つは「**家事費**」で、個人の生活に関係する費用です。通常かかってくる生活費は、もちろん必要経費にはなりません。2つめが「**家事関連費**」、3番目に「**業務上の経費**」があげられます。

　家事関連費とは、いったい何のことだろう、と思われるかもしれませんが、これは、「**家庭生活を営むためにかかる経費のうち事業に関連する経費**」と考えてください。実際には、家事上の経費か、事業上の必要経費か、判別しにくいものもありますし、家事上の経費と事業上の経費を供用するケースもあります。

　青色申告を選択すると、家事上の経費に関連する費用のうち、取引の記録などにもとづいて業務上、直接必要であったことが明らかとされる費用については必要経費にすることができます。したがって、事業上の必要経費については、きちんと帳簿に記録することが大切です。

住宅関連費用も按分して費用計上できる

　家事関連費は、事業に関連して支出したものとして**自主的に処理**しなければ、だれも必要経費としては認めてくれません。たとえば、店舗兼住宅や自宅を事務所として使っている場合を考えてみましょう。

　賃貸住宅の場合には、貸主に支払う家賃、地代、自己所有の場合には固定資産税、修繕費、火災保険料があります。これらの費用のうち**事業用に対応するものは必要経費**として計上できます。

　そのほか、家事・事業の供用の経費として電気代、ガス代、水道代などがありますが、面積割合あるいは使用頻度などの合理的な基準で、家事上の費用と事業用の必要経費に区分して計上します。これは、一般的に何％と決まっているわけではなく、実態に合わせて自分で判断して決

● 必要経費になるもの・ならないもの ●

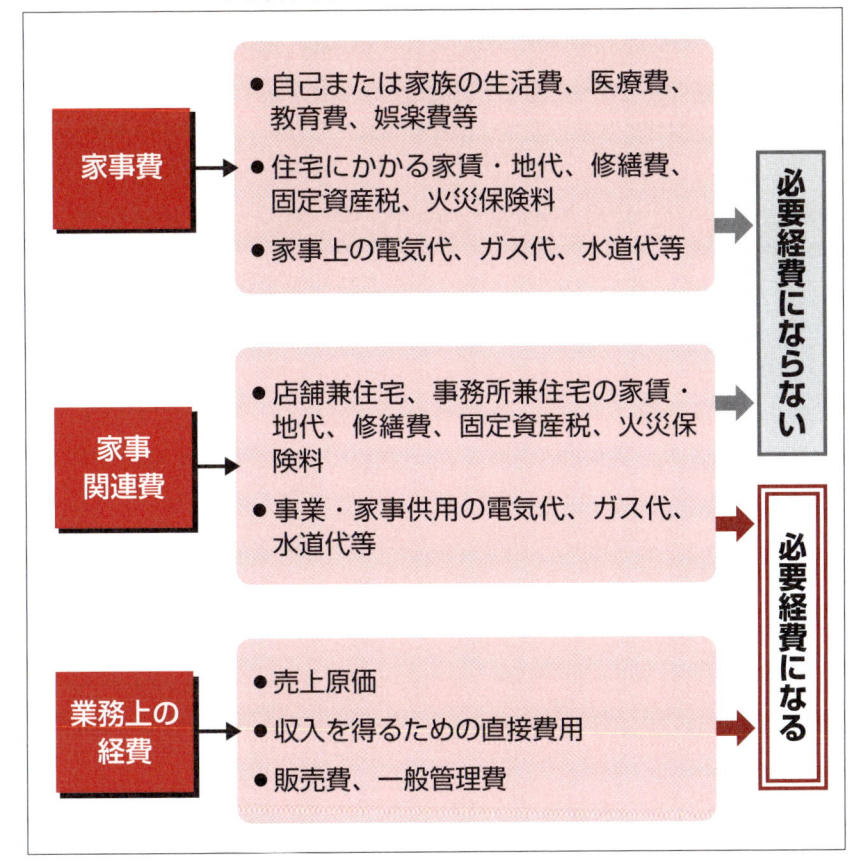

| 家事費 | → | ・自己または家族の生活費、医療費、教育費、娯楽費等
・住宅にかかる家賃・地代、修繕費、固定資産税、火災保険料
・家事上の電気代、ガス代、水道代等 | → | 必要経費にならない |

| 家事関連費 | → | ・店舗兼住宅、事務所兼住宅の家賃・地代、修繕費、固定資産税、火災保険料
・事業・家事供用の電気代、ガス代、水道代等 | → | 必要経費になる |

| 業務上の経費 | → | ・売上原価
・収入を得るための直接費用
・販売費、一般管理費 | → | |

4章 「青色申告」にするとこれだけトクになる！

定します。

　自家用車にかかる費用についても、1台の車を事業用にも自家用にも使っている場合には、減価償却費やガソリン代、車検代、駐車場代などを事業用と家事用に按分して、事業用の部分については必要経費に計上することができます。

4-8 青色申告にすると減価償却費の特例が認められる

ここがポイント!
- ●減価償却費に特別償却や割増償却を追加できる
- ●特別償却は法改正が多いので要注意

特別償却や割増償却を行なうことができる

　青色申告の特典のなかには、30項目もの**減価償却費の特例**があります。その中身は多岐にわたりますが、通常の減価償却費に加えて「**特別償却**」や「**割増償却**」をすることができるというものです。

　また、特別償却にかえて「**税額控除**」を選ぶことができる場合もあります。ここでは、すべての特例を紹介することはできませんが、固定資産を購入したときは、何か特別償却で活用できるものはないかチェックしてください。個人事業者で使えそうなケースを次ページに事例としてあげておきますので、参考にしてみてください。

特別償却は時限立法で決められている

　特別償却は「租税特別措置法」という法律で、期限を区切って定められています。1年間だけの時限立法というのはあまり見かけませんが、国の年度である3月31日までという制定のしかたをします。

　注意したいのは、特別償却の対象となる資産の取得価額についての要件が変更になったり、廃止になったりすることもあることです。特別償却を行なうときは、要件に該当するかどうか、必ず税務署に問い合わせるなり、税理士に相談するなどして確認をとるようにしてください。

　なお、特別償却と税額控除のいずれかを選択できるケースがありますが、どちらが得かというと、**税額控除のほうが**トータルに考えると支払う税金を減らすことができます。というのも、特別償却は最初に償却額を多く計上できるので、最初の年は節税になりますが、その分、次の年からの償却額は減ってしまいます。特別償却は、あくまでも**税金の繰延べ**ですから、最終的に必要経費になる償却費の合計額は変わりません。

●中小企業者が機械等を取得した場合の特別償却●

　青色申告者である中小企業者が、平成10年6月1日から平成24年3月31日までの間に、新品の特定機械装置等を取得または製作して、これを事業の用に供した場合には、通常の償却費のほか、取得価額の30％を必要経費にすることができます。対象となる特定機械装置等とは、以下の設備等です。ただし、対象となる特定機械装置等の取得価額については、それぞれ一定の金額以上の条件があるので注意が必要です。
①すべての機械・装置
②電子計算機、デジタル複合機の器具・備品
③ソフトウェア
④普通貨物自動車（車両総重量3.5トン以上）
⑤内航船舶（取得価額の75％が対象）
※中小企業者とは、常時使用する従業員が1,000人以下の者をいいます。

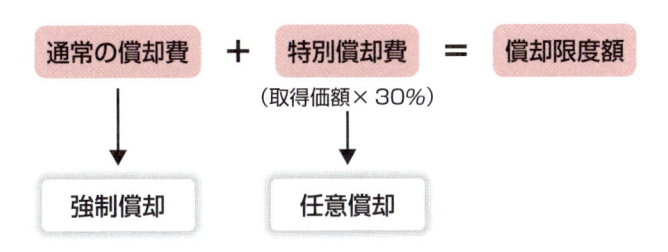

　通常の償却費　＋　特別償却費　＝　償却限度額
　　　　　　　　　（取得価額×30％）
　　↓　　　　　　　　　↓
　強制償却　　　　　　任意償却

●中小企業者等の少額減価償却資産の特例●

　青色申告者である中小企業者が、平成18年4月1日から平成24年3月31日までの間に取得価額が30万円未満の減価償却資産を取得または製作し、事業の用に供した場合には、その事業の用に供した年に、取得価額の全額を必要経費にすることができます。このことを「即時償却」ともいいます。ただし、1年間の必要経費にすることができる金額は300万円が限度となっています。なお、資産の内容は問いませんので、パソコンやソフトウェアも対象となります。

　この特例の適用を受けるためには、青色申告決算書の「減価償却費の計算」欄に「措置法28条の2第1項適用」と記載し、適用した減価償却資産の取得価額の合計額の記入が必要です。

4-9 青色申告者の損失は繰越し、繰戻しができる

ここがポイント！
- 事業所得の赤字は3年間繰り越せる
- 赤字が大きいときは繰戻し還付を受けられる

損失の繰越し控除をするときは損失申告書を提出する

　青色申告をしている個人事業者が、事業所得の金額において赤字になったときは、その赤字は3年間繰り越せることになっています。事業所得以外に所得がある人は、損益通算によって他の所得の黒字と相殺できるケースもあります。したがって、事業所得しか所得がない人あるいは事業所得の赤字を他の所得と損益通算してもなお赤字があるときは、3年間繰り越すことができるわけです。

　たとえば、今年は店の改装工事をしたために1か月間休業して経費もかかったので700万円の赤字になったとします。下表にあるように、その赤字は損失が生じた年以降3年間繰り越せるので、翌年に黒字が出ても、前年の赤字額より少なければ税金を払わなくてもよいことになりま

●損失の繰越し控除を行なう例●

	申告所得額	損失繰越額
損失が生じた年	700万円の赤字	700万円
1年め	300万円の黒字 300万円 − 300万円 = 0	400万円 (700万円−300万円)
2年め	350万円の黒字 350万円 − 350万円 = 0	50万円 (400万円−350万円)
3年め	300万円の黒字 300万円 − 50万円 = 250万円	0 (50万円−50万円)

す。

　このケースでは、損失が生じた年は損失申告書、翌1年めと2年めは黒字ですが、繰越し損失を差し引いてもなお残額があるのでやはり損失申告書により申告します。最終年度の3年めは、繰越しの損失額を差し引いても黒字になるので、通常の確定申告書により申告をします。

　手続きとしては、赤字が出た年分の所得税については期限内に青色損失申告書を提出し、その後も連続して申告書を提出する必要があります。

早めに還付を受ければ資金繰りもラクに

　もう一つ案外見落としがちなのが、「**損失の繰戻し還付**」です。やはり青色申告をする年分の赤字について、その年分の確定申告書といっしょに還付請求書を提出し、前年分の確定申告においても青色申告にしていることが必要です。還付金額は次の算式により計算します。

$$\begin{pmatrix}前年分の \\ 所得税の額\end{pmatrix} - \begin{pmatrix}前年分の所得から今年の赤字の全部または \\ 一部を控除して計算した所得税の額\end{pmatrix}$$

　還付が受けられるのは、前年分の所得税の額が限度となります。

　今年生じた赤字額があまりにも大きいときは、今後3年間で黒字を出しても控除しきれないケースもあるでしょう。また、資金繰り的にも**早めに還付を受けたほうが有利**です。

　還付申告をすると税務調査を受ける可能性があるといわれていますが、必ずしも調査になるわけではなく、仮に税務調査があったとしても恐れることはありません。

　また、還付金額には、年7.3％（ただし、特例基準割合が年7.3％に満たない場合は、特例基準割合＜平成20年分の特例基準割合は4.7％＞）で計算した**還付加算金**というおまけまでついてきます。

　特例基準割合とは、各年の前年11月30日を経過するときにおける公定歩合に年4％を加算した割合（0.1％未満切捨て）をいいます。還付加算金のほか延滞税の計算にも使用します。

　なお、前年の所得から繰戻し還付を受けてもなお損失額があるときは、残額は翌年以降3年間繰り越すことができます。

4-10 青色申告にすると貸倒引当金の繰入れができる

ここがポイント!
- 一定の要件に該当すれば貸倒れ見込額を経費計上できる
- 個別の理由がなくても一括貸倒引当金を計上できる

前年に引き当てた額は翌年に戻入れをする

　青色申告者には、**貸倒引当金の計上**が認められています。売掛金、貸付金などの金銭債権があるときは、一定の要件に該当すれば、貸倒れなどの損失見込み額として、個別に貸倒引当金を経費として計上することができるわけです。また、個別の事由がなくても、金銭債権を一括して、貸倒れにそなえて貸倒引当金を計上することができます。

　ここでは、一般的に誰でも年末に売掛金があれば繰り入れることができる「**一括貸倒引当金**」について具体的に計算してみましょう。

　たとえば、12月31日現在で、帳簿価額の売掛金が200万円あったとしましょう。この場合、貸倒引当金はいくら繰り入れることができるかと

●貸倒引当金の対象となる貸金●

対象となるもの	対象とならないもの
① 売掛金	① 保証金、敷金、預け金
② 事業上の貸付金	② 手付金、前渡金
③ 受取手形	③ 仮払金、立替金
④ 未収入金	④ 同一人に売掛金と買掛金がある等、実質的に債権と認められない部分の金額

貸金の帳簿価額 ＝ 売掛金等の額 － 実質的に債権とみられないものの額

●一括貸倒引当金の繰入額●

主たる事業が金融業以外の場合

年末における貸金の帳簿価額の合計額 × $\dfrac{55}{1,000}$

主たる事業が金融業の場合

年末における貸金の帳簿価額の合計額 × $\dfrac{33}{1,000}$

※貸金のうち個別貸倒引当金繰入れの対象としたものは、帳簿価額から除きます。

　いうと、200万円に1,000分の55をかけて11万円の引当額となります。翌年の年末売掛金が300万円になっていたら、「300万円×55／1,000」で16万5,000円の引当金を計上できますが、前年に引き当てた11万円については戻入れをします。

　引当金は、たとえその売掛金が１月には無事に回収され入金していたとしても、繰り入れることができます。売掛金が不良債権かどうかは問いません。ただし、１年めは引当金の繰入れだけして必要経費を計上できるのですが、２年めからは前年の引当金を戻して、新たに12月31日現在の売掛金の帳簿価額をもとに計算して繰入れすることになります。

　なお、貸倒引当金についての仕訳は次のようになります。

【前年繰入れ分を戻入れ処理する場合】
　（借）貸倒引当金　　　110,000　　（貸）貸倒引当金戻入　110,000

【年末売掛金についての引当金を繰り入れる場合】
　（借）貸倒引当金繰入　165,000　　（貸）貸倒引当金　　　165,000

COLUMN

年末にできる節税のヒント

　きちんと帳簿をつけて、どれくらいの利益が出ているのかつかんでいるつもりでも、年末近くになってどっと利益が上がってしまう、というようなことがあります。"ああ、こんなだったら無理して節約することもなかったのに"と後悔しても後の祭りです。

　でも、12月31日前だったら、まだ打てる手はいくつかあります。

　事務所や店舗を借りているところは、いうまでもなく家賃は必要経費になります。この家賃を1年分、前払いすることで、その1年分について余分に必要経費にすることができます。この場合、家主さんにお願いして契約を変更してもらうことが必要です。

　所得控除の対象となる「小規模企業共済」の掛金についても同じ方法がとれます。掛金は最高で月額7万円、1年分なら84万円ですが、この小規模企業共済の掛金は税金がかからないので、やはり1年分を前払いすると節税になるのです。ただし、この「1年分前払い」の方法は、そのとき1回かぎりの節税です。

　もう一つ、年末前に決算賞与を出すことも考えられます。12月に冬の賞与をいつもどおり出して、決算の状況を見て賞与を出すという方法です。事業年度終了後1か月以内、つまり翌年1月中に支払えば、未払いであっても必要経費として認められます。

　ただし、青色事業専従者の給与や賞与の支給金額は、あらかじめ届出をしているので、決算賞与を出す場合には、青色事業専従者給与の変更の届出をすみやかに提出することが必要です。

　最後に、「平成28年3月31日まで」という期限つきですが、1個または1組の価額が30万円未満の事業用減価償却資産を購入すると全額、必要経費にすることができます（1年間で300万円が限度）。

　ただし、節税対策はあくまでも必要経費をいかに増やすかということにつきるので、ムダづかいをするのは本末転倒です。

5章

仕入・売上の経理処理と代金決済の方法

個人事業の事務処理で一番多い取引は、仕入や売上に関するもの。「自家消費」の処理のしかたや代金決済の方法と記帳のしかたについてもみていきましょう。

5-1 売上に関する仕訳と記帳のしかた

ここがポイント！
- 売上は収入すべき金額を計上する
- 商品の販売は引き渡したときに計上する

伝票で仕訳して売上帳に記載する

　売上は実際に収入した金額ではなく、「**収入すべき金額**」を計上するのが基本です。

　個人事業者の売上には、商品や製品の販売、サービスの提供に対する収入と、事業に関連した雑収入が含まれます。売上の計上時期は、商品や製品の販売であれば**引き渡したとき**、サービスの提供であれば**サービスが完了したとき**となります。

　売上代金が回収できていなくても、売上にあげなければなりません。

　請求書が翌年１月に発行された場合はどうでしょうか。たとえ請求書は翌年であっても、12月までに納品があった場合やサービスの提供が完了していれば、12月の売上となります。

　では、売上に関する取引の仕訳と売上帳へどのように記載するのかをマスターしましょう。以下の２つの仕訳の例では、売上帳の記載は次ページのようになります。

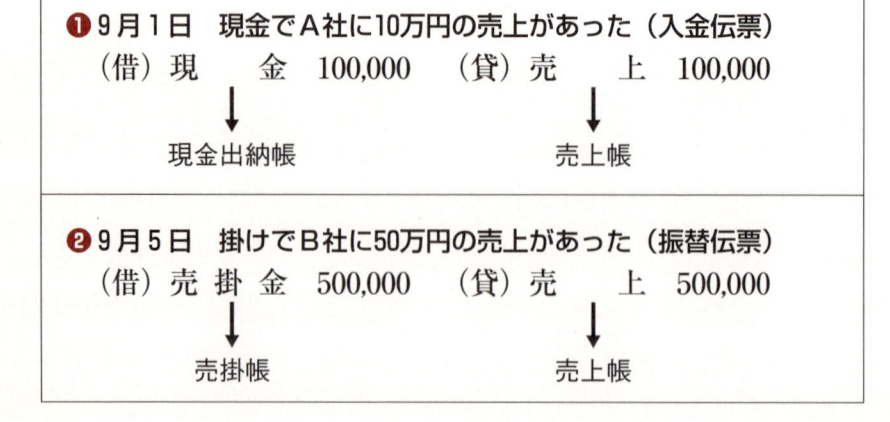

---

❶ ９月１日　現金でA社に10万円の売上があった（入金伝票）
（借）現　　金　100,000　　（貸）売　　上　100,000
　　　　　↓　　　　　　　　　　　↓
　　　現金出納帳　　　　　　　　売上帳

❷ ９月５日　掛けでB社に50万円の売上があった（振替伝票）
（借）売　掛　金　500,000　　（貸）売　　上　500,000
　　　　　↓　　　　　　　　　　　↓
　　　売掛帳　　　　　　　　　　売上帳

●売上があったときの記帳のしかた●

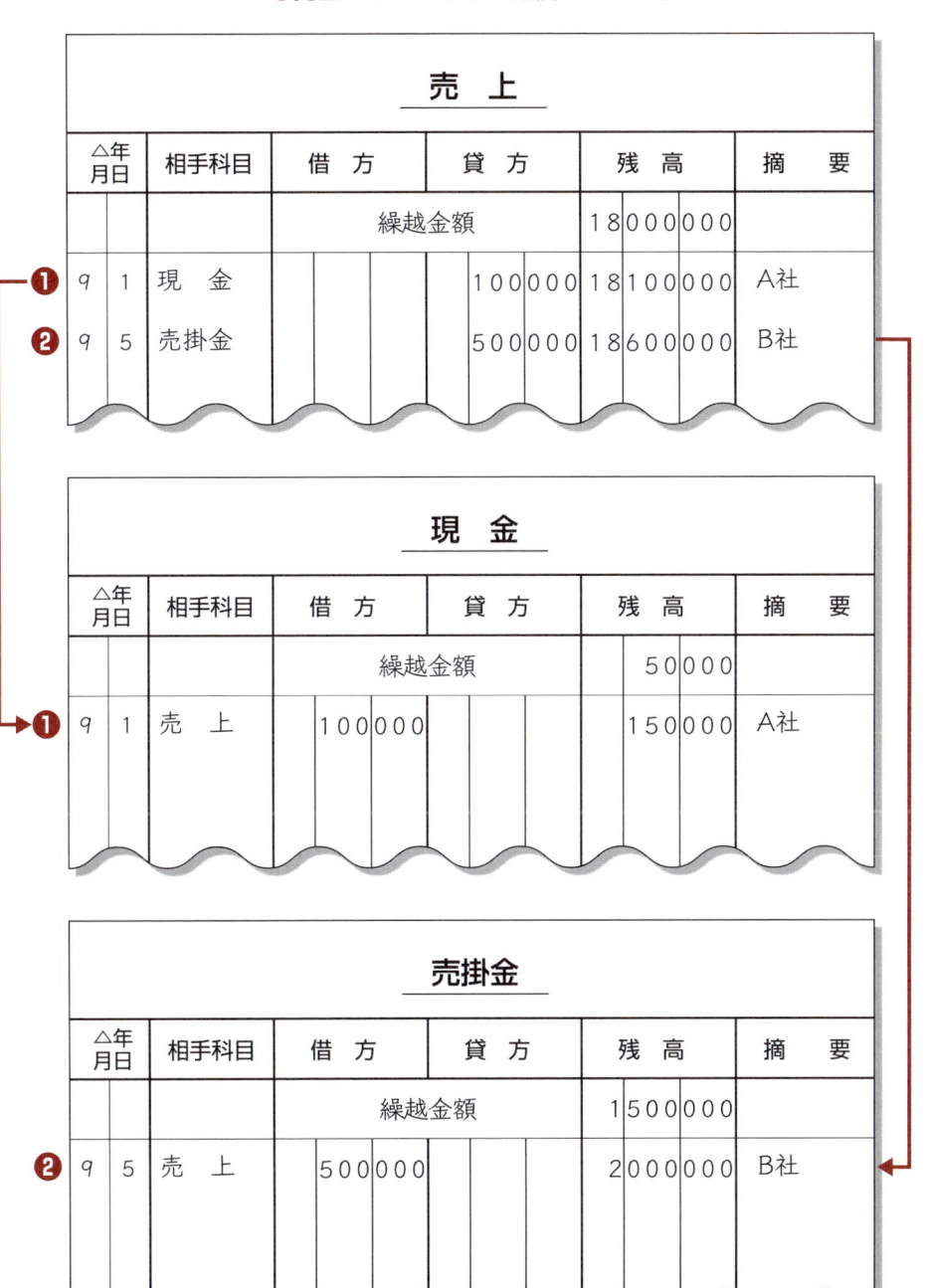

売 上

△年月日	相手科目	借 方	貸 方	残 高	摘 要
		繰越金額		18 000 000	
❶ 9 1	現 金		100 000	18 100 000	A社
❷ 9 5	売掛金		500 000	18 600 000	B社

現 金

△年月日	相手科目	借 方	貸 方	残 高	摘 要
		繰越金額		50 000	
❶ 9 1	売 上	100 000		150 000	A社

売掛金

△年月日	相手科目	借 方	貸 方	残 高	摘 要
		繰越金額		1 500 000	
❷ 9 5	売 上	500 000		2 000 000	B社

5章 仕入・売上の経理処理と代金決済の方法

5-2 売掛金に関する仕訳と記帳のしかた

ここがポイント！
- 売掛金が発生するパターンと消滅するパターンがある
- 振込みで回収するときは振込手数料を引かれることがある

得意先ごとに売掛帳を作成して管理する

　売掛金に関する取引には、掛売りがあったとき、つまり「**売掛金が発生する**」パターンと、売掛金が回収されたとき、つまり「**売掛金が消滅する**」パターンがあります。

　売掛帳は、売掛金の発生・消滅の動きを記録することで、まだ回収されていない売掛金の残高を知ることができます。また、売掛帳を得意先ごとに作成すれば、得意先ごとの売上の状況、売掛金の回収の管理ができるので、補助簿を作成するようにします。

振込手数料が発生したときの仕訳は2行になる

　売掛金が発生するパターンは、まず掛売りがあったことを伝票で仕訳して売掛帳に記載します。

　以下の仕訳例では、これに売掛金が回収されるパターンをプラスして、**現金で回収したとき**、**普通預金に振り込まれたとき**、**受取手形で回収したとき**の3つの取引を取り上げています。

　なお、普通預金に振り込まれたときには、売掛金の発生額よりも少ない金額で入金することがあります。その**差額は銀行の振込手数料**であるケースが大半です。よくあることなので、この場合の処理の方法もしっかりとマスターしてください。

　ただし、まれに振込金額が間違っていることもありますから、大幅な差額が出た場合には得意先に問い合わせて確認するようにしましょう。

❶10月5日　掛けでC社から50万円の売上があった（振替伝票）
（借）売　掛　金　500,000　（貸）売　　　上　500,000
　　　　　↓　　　　　　　　　　　　　　↓
　　　　売掛帳　　　　　　　　　　　　売上帳

❷10月10日　D社の売掛金20万円を現金で回収した
（借）現　　　金　200,000　（貸）売　掛　金　200,000
　　　　　↓　　　　　　　　　　　　　　↓
　　　現金出納帳　　　　　　　　　　　売掛帳

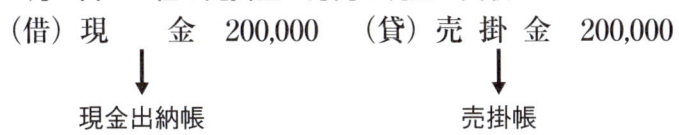

❸10月20日　E社より10万円の売掛金について普通預金に9万9,500円の振込みがあった
（借）普 通 預 金　99,500　（貸）売　掛　金　100,000
　　　　　↓　　　　　　　　　　　　　　↓
　　　普通預金元帳　　　　　　　　　　売掛帳

　　　支払手数料　　500
　　　　　↓
　　　支払手数料元帳

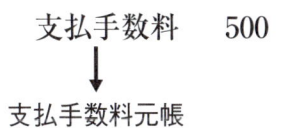

※振込みにより売掛金が回収される場合に、振込手数料を差し引いた金額が振り込まれてくることがあります。この場合は、得意先は手数料を当方で負担してほしいという意思表示ですから、支払手数料という経費が生じます。差額を支払手数料で処理しておかないと売掛金の残高500円がずっと残ったままになってしまいます。

❹10月25日　F社の売掛金30万円を手形で回収した
（借）受 取 手 形　300,000　（貸）売　掛　金　300,000
　　　　　↓　　　　　　　　　　　　　　↓
　受取手形帳＋受取手形元帳　　　　　　売掛帳

5章　仕入・売上の経理処理と代金決済の方法

●売掛金の発生・回収時の記帳のしかた●

売掛金

△年月日	相手科目	借方	貸方	残高	摘要
			繰越金額	1,000,000	
❶ 10/5	売上	500,000		1,500,000	C社
❷ 10/10	現金		200,000	1,300,000	D社
❸ 10/20	普通預金		99,500		E社
❸ 10/20	支払手数料		500	1,200,000	振込手数料 E社
❹ 10/25	受取手形		300,000	900,000	F社

売上

△年月日	相手科目	借方	貸方	残高	摘要
			繰越金額	19,000,000	
❶ 10/5	売掛金		500,000	19,500,000	C社

現金

△年月日	相手科目	借方	貸方	残高	摘要
			繰越金額	100,000	
❷ 10/10	売掛金	200,000		300,000	D社

普通預金

△年月日	相手科目	借 方	貸 方	残 高	摘 要
		繰越金額		2 500 000	
10 20	売掛金	99 500		2 599 500	E社

❸

支払手数料

△年月日	相手科目	借 方	貸 方	残 高	摘 要
		繰越金額		30 000	
10 20	売掛金	500		30 500	振込手数料 E社

❸

受取手形

△年月日	相手科目	借 方	貸 方	残 高	摘 要
		繰越金額		1 000 000	
10 25	売掛金	300 000		1 300 000	F社

❹

5-3 仕入に関する仕訳と記帳のしかた

ここがポイント!
- 現金仕入と掛け仕入の2つのパターンがある
- 領収書や納品書をもとに仕訳を起こす

仕入帳の考え方・使い方

　仕入に関する取引についてみていきましょう。仕入についても、**現金で仕入れる場合**と**掛けで仕入れる場合**の2つのパターンがあります。

　現金仕入の場合は、領収書をもとに仕訳を起こします。掛け仕入の場合は、納品書ごとに明細を書き込むケースと、請求書のその月の合計額で処理するケースとの2通りあります。納品書ごとに書き込むのは、この仕入帳さえ見れば、この商品は単価がいくらで、前回はいつ頃仕入れているのかなど、仕入帳に情報源としての役割をもたせる場合です。

　納品書や請求書をファイルして、いつでも見られるようにしておけば、仕入帳に詳細を書き込まなくてもよいという考え方もあります。要は、どう活用するかの問題です。

仕入先の締め日によって処理が変わる

　請求書から仕入の発生を計上する場合には、仕入先の締め日が何日かによって仕入の計上に影響してくる場合があります。

　仕入先の請求書が20日締めの場合、たとえば11月分だったら10月21日から11月20日までの仕入分が請求書にのっている金額になります。締め後、つまり11月21日から11月30日までの期間に大きな仕入があったとしたら、実際の仕入と帳簿上の仕入は大きく食い違うことになります（これについては、決算処理のところでもう少し詳しく解説します）。

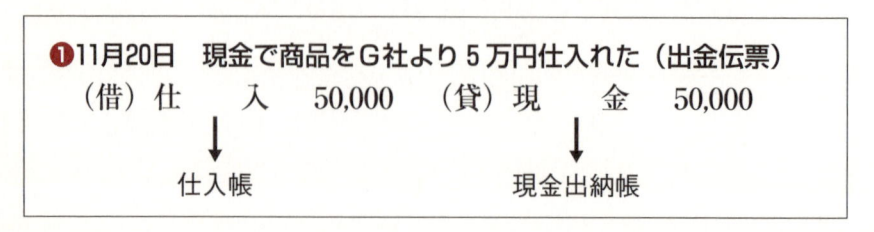

❶11月20日　現金で商品をG社より5万円仕入れた（出金伝票）
（借）仕　　入　50,000　　（貸）現　　金　50,000
　　　　↓　　　　　　　　　　　　↓
　　　仕入帳　　　　　　　　　　現金出納帳

●仕入があったときの記帳のしかた●

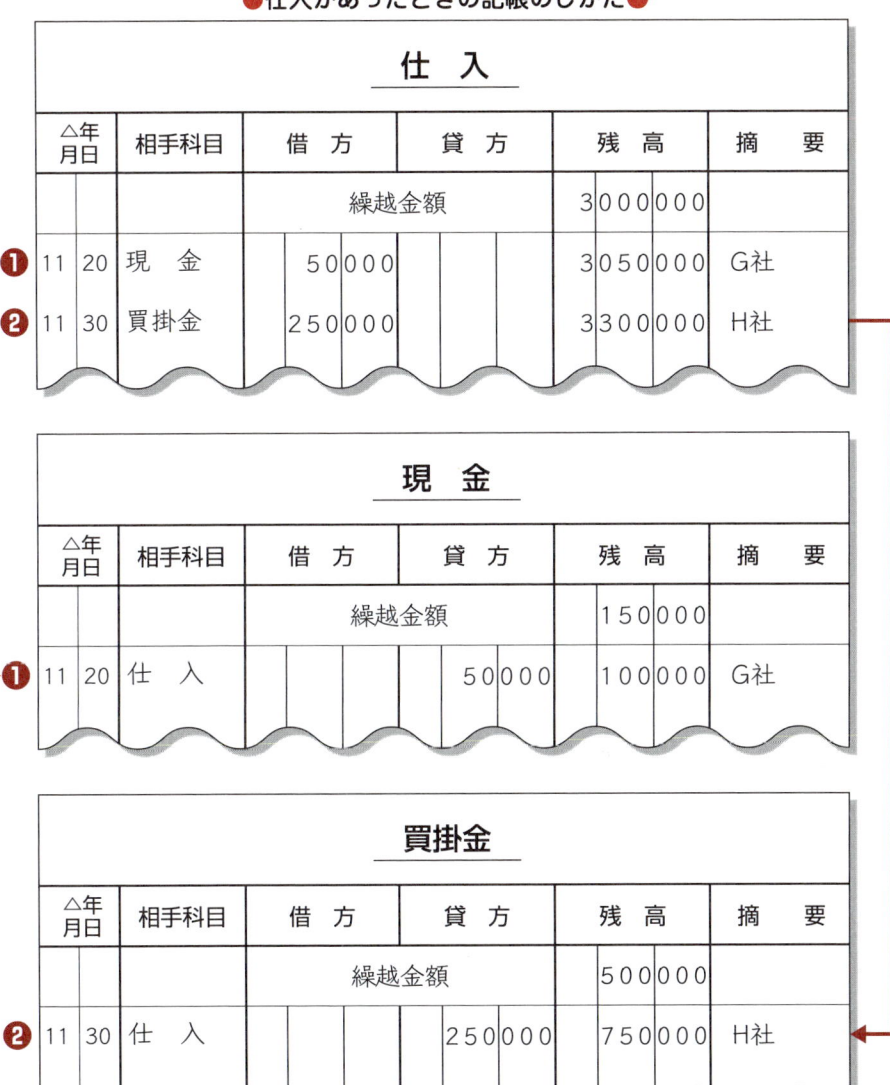

仕 入

○年月日	相手科目	借 方	貸 方	残 高	摘 要
		繰越金額		3000000	
11 20	現 金	50000		3050000	G社
11 30	買掛金	250000		3300000	H社

❶
❷

現 金

○年月日	相手科目	借 方	貸 方	残 高	摘 要
		繰越金額		150000	
11 20	仕 入		50000	100000	G社

❶

買掛金

○年月日	相手科目	借 方	貸 方	残 高	摘 要
		繰越金額		500000	
11 30	仕 入		250000	750000	H社

❷

---

❷11月30日　掛けで商品をH社より25万円仕入れた（振替伝票）
　（借）仕　　入　250,000　（貸）買　掛　金　250,000
　　　　　　↓　　　　　　　　　　　　↓
　　　　　仕入帳　　　　　　　　　　買掛帳

5章　仕入・売上の経理処理と代金決済の方法

5-4 買掛金に関する仕訳と記帳のしかた

ここがポイント!
- 買掛金が発生するパターンと消滅するパターンがある
- 振込手数料分を差し引いて振り込むことがある

仕入先別の買掛帳を作成して管理する

　買掛金に関する取引には、掛仕入があったとき、つまり「**買掛金が発生する**」パターンと、買掛金の支払いをしたとき、つまり「**買掛金が消滅する**」パターンがあります。

　買掛帳は、買掛金の発生・消滅の動きを記録することで、まだ支払いが済んでいない買掛金の残高がいくら残っているのかを知ることができます。また買掛帳についても、仕入先別の買掛帳を作成して、どの仕入先からいくら仕入れているのか、支払いはいくら残っているのかを把握するようにします。

支払った振込手数料は仕訳に現われない

　掛け仕入が発生したときは、まず伝票で仕訳を起こし、買掛帳の発生欄に記入します。以下の仕訳例では、買掛金の支払いとして、**小切手による場合**、**普通預金からの振込み**、**支払手形の振出し**の3つのパターンをあげました。

　こちらから買掛金を振り込む際には、振込手数料を差し引いて支払うことがあります。これは、振込手数料を相手先に負担してもらうということです。

　たとえば、買掛金50,000円について振込手数料500円込みで支払った場合、たしかに相手先には49,500円しか振り込まれていないことになりますが、残りの500円は銀行に振込手数料として支払われています。これは、**相手先の負担する振込手数料を立替払いした**ということですから、何も仕訳には現われてきません。

❶11月30日　掛けで商品を I 社より25万円仕入れた（振替伝票）
　（借）仕　　入　　250,000　　（貸）買　掛　金　250,000
　　　　　　↓　　　　　　　　　　　　　↓
　　　　　仕入帳　　　　　　　　　　　買掛帳

❷12月10日　J社に買掛金10万円を小切手で支払った
　（借）買　掛　金　100,000　　（貸）当座預金　100,000
　　　　　　↓　　　　　　　　　　　　　↓
　　　　　買掛帳　　　　　　　　　　　当座預金元帳

❸12月15日　K社に5万円の買掛金について普通預金から振り込ん
　　　　　　だ。その際、振込手数料500円を差し引いて支払った
　（借）買　掛　金　50,000　　（貸）普通預金　50,000
　　　　　　↓　　　　　　　　　　　　　↓
　　　　　買掛帳　　　　　　　　　　　普通預金元帳

❹12月20日　L社に買掛金20万円を手形で支払った
　（借）買　掛　金　200,000　　（貸）支払手形　200,000
　　　　　　↓　　　　　　　　　　　　　↓
　　　　　買掛帳　　　　　　　　　支払手形帳＋支払手形元帳

●買掛金の発生・支払時の記帳のしかた●

買掛金

△年 月日	相手科目	借 方	貸 方	残 高	摘 要
		繰越金額		750000	
❶ 11 30	仕 入		250000	1000000	I社
	11月度合計	900000	600000		
❷ 12 10	当座預金	100000		900000	J社
❸ 12 15	普通預金	50000		850000	K社
❹ 12 20	支払手形	200000		650000	L社

仕 入

△年 月日	相手科目	借 方	貸 方	残 高	摘 要
		繰越金額		3300000	
❶ 11 30	買掛金	250000		3550000	I社

当座預金

△年 月日	相手科目	借 方	貸 方	残 高	摘 要
		繰越金額		400000	
❷ 12 10	買掛金		100000	300000	J社

普通預金

△年月日	相手科目	借方	貸方	残高	摘要
		繰越金額		3 000 000	
12 15	買掛金		50 000	2 950 000	K社

❸

支払手形

△年月日	相手科目	借方	貸方	残高	摘要
		繰越金額		1 500 000	
12 20	買掛金		200 000	1 700 000	L社

❹

5章 仕入・売上の経理処理と代金決済の方法

5-5 「自家消費」を売上計上するときの経理処理のしかた

ここがポイント!
- 自家消費の売上計上額を求める算式がある
- 頻繁に発生するときは専用ノートをつくっておく

自家消費はお客さんに売ったのと同じこと!?

　事業用の棚卸資産等を家事のために消費した場合には、その消費したときにおけるこれらの資産の販売価額に相当する金額を、その消費した日に販売があったものとして事業所得の収入金額にあげることになっています。

　ということは、たとえば八百屋さんがお店の野菜や果物を毎日、自宅用に使っていたとしたら、お客さんに対するのと同じように売ったことにしなさい、ということになります。

　しかし、これはあくまでも原則で、「**自家消費**」したり、あるいは人にあげてしまったような場合でも、仕入価額か販売価額のおおむね70％相当額のいずれか多い金額を売上に計上すればよいことになっています。

　自家消費が頻繁にあるような場合には、専用のノートをつくって、日付と商品名、金額をメモしておき、1か月分の合計額を売上に計上するようにしましょう。

売上として計上するときの経理処理のしかた

　自家消費の売上処理について、実例をあげて仕訳のしかたなどをみていきましょう。

●自家消費の売上金額の算定法●

1. 仕入価額
2. 通常の販売価額×70％
3. ❶と❷のいずれか多い金額

たとえば、自家消費分が売り値で3万円あり、仕入値は1万8,000円だとします。この場合、自家消費分として売上にいくら計上しておけばよいのでしょうか。

自家消費の売上金額の求め方は前ページ図のように行ないます。

---

① 仕入値　18,000円
② 売り値　30,000円×70％＝21,000円
③ ①と②のうちいずれか多い金額 ⇒ 21,000円

この21,000円を売上に計上し、仕訳は次のようになります。

（借）事業主貸　　　21,000　　（貸）売　　上　21,000
　　　　　　　　　　　　　　　　　　（自家消費分計上）

では、事業用の商品を得意先の贈答用に使った場合には、どうするかというと、やはり仕入値か売り値の70％のいずれか多い金額を売上に計上するとともに、「接待交際費」として必要経費に計上します。

おまけの一言

消費税では、無償取引は原則として課税対象外です。しかし「みなし譲渡」といって、たとえば、「個人事業者が棚卸資産や事業用資産を家事のために消費し、または使用したりするケース」は課税対象となります。したがって、いわゆる「自家消費」は所得税だけでなく、消費税の課税対象にもなるので注意が必要です。なお、自家消費分について所得税の計算を行なう際に、「雑収入」で計上することがありますが、これは上記仕訳にある「売上」と同じ意味です。「青色申告決算書」の1ページ（損益計算書）では、「売上（収入）金額（雑収入を含む）」となっています。

5-6 現金に関する仕訳と記帳のしかた

ここがポイント!
- 現金に関する取引はすべて現金出納帳に記入する
- 現金出納帳は毎日記載すること

現金が増えたら借方、減ったら貸方に仕訳する

　現金にかかわる取引は、すべて「**現金出納帳**」に記入します。前にも述べましたが、現金出納帳は毎日つけることが鉄則です。

　ここでは、現金入金と現金出金に関するいろいろなケースを仕訳して、現金出納帳に記帳するパターンをたくさん用意しました。もう一度、現金に関する仕訳のポイントをおさらいしておくと、現金は借方（左側）が定位置になりますから、現金の増加（入金）は借方（左側）です。逆に、現金の減少（出金）は貸方（右側）にきます。

　なお、小切手を受け取ったときは現金と同じに扱います。

---

❶ 4月1日　事業用の資金として事業主個人から20万円を入金した
　（借）現　　　金　200,000　　（貸）事業主借　200,000

❷ 4月1日　自宅から事務所までの定期代6,200円を支払った
　（借）旅費交通費　6,200　　（貸）現　　　金　6,200

❸ 4月2日　事務所用のお茶、コーヒー、お茶菓子を3,000円購入した
　（借）福利厚生費　3,000　　（貸）現　　　金　3,000

❹ 4月3日　ノート、ボールペン、バインダーなどの事務用品を2,500円で購入した
　（借）消耗品費　2,500　　（貸）現　　　金　2,500

❺ 4月4日　3月分の新聞代3,900円を支払った
　（借）新聞図書費　3,900　　（貸）現　　　金　3,900

● 「現金出納帳」の記帳のしかた ●

現　金　出納帳

×年 4月

	日	相手科目	入　金	出　金	残　高	摘　　要
					15 000	前月(前買)より繰越
❶	1	事業主借	200 000		215 000	事業主より
❷	1	旅費交通費		6 200	208 800	定期代・4月分
❸	2	福利厚生費		3 000	205 800	お茶、コーヒーetc.
❹	3	消耗品費		2 500	203 300	ノート等事務用品
❺	4	新聞図書費		3 900	199 400	新聞代　3月分
❻	5	売掛金	80 000		279 400	A社　小切手
❼	6	会議費		3 600	275 800	打合せ食事代
❽	7	接待交際費		3 000	272 800	B社　手土産

---

❻ 4月5日　A社から売掛金を小切手80,000円で回収した
（借）現　　金　80,000　（貸）売　掛　金　80,000

❼ 4月6日　得意先と打合せを行ない昼食代2名分3,600円を支払った
（借）会　議　費　3,600　（貸）現　　金　3,600

❽ 4月7日　取引先のB社を訪問するときに手土産として3,000円のお菓子を購入した
（借）接待交際費　3,000　（貸）現　　金　3,000

5-7 預金に関する仕訳と記帳のしかた

ここがポイント！
- 預金に関する取引は預金出納帳に記入する
- 通帳と預金出納帳の記入欄は異なるので要注意

差引手取額でなく両建てで仕訳する

　事業専用の普通預金の動きは「**預金出納帳**」に記帳します。普通預金の通帳はマメに記入するようにしましょう。

　預金通帳をみてみると、左から年月日、取引内容、支払金額、預り金額、差引残高の順番で並んでいます。預金出納帳とは、入金と出金の位置が入れ替わっているので注意が必要です。

　また、差引き手取額で入金する場合、あるいは支払いする場合、通帳には差引き金額しか記録されませんが、ここでは、預金出納帳で取引の詳細がわかるように、両建ての仕訳を作成するようにしています。

●預金通帳の記入項目●

1	普通預金（兼お借入れ明細）			
年月日	お取引内容	お支払金額(円)	お預り金額(円)	差引金額(円)〔△マークがある場合はお借入残高を表します。〕

（お支払金額・お預り金額欄について）114ページの「預金出納帳」とは並びが逆になっています

❶ 4月1日　4月度の生活費50万円を引き出した
　（借）事業主貸　　500,000　（貸）普通預金　　500,000

❷ 4月5日　売掛金314,370円が入金した（実際の回収額は315,000円だったが、振込手数料630円が差し引かれて入金した）
　（借）普通預金　　315,000　（貸）売　掛　金　315,000
　　　　支払手数料　　　630　　　　普通預金　　　　630

❸ 4月10日　ガス代4,550円が自動引き落としされた
　（借）水道光熱費　　4,550　（貸）普通預金　　　4,550

❹ 4月15日　電話代9,885円が自動引き落としされた
　（借）通　信　費　　9,885　（貸）普通預金　　　9,885

❺ 4月25日　従業員に給与を振り込んだ。振込額は、支給額25万円から源泉所得税10,240円を差し引いた239,760円。振込手数料が210円かかった
　（借）給　　　与　　250,000　（貸）普通預金　　250,000
　　　　普通預金　　　 10,240　　　　預　り　金　　10,240
　　　　支払手数料　　　　210　　　　普通預金　　　　210

❻ 4月30日　買掛金に計上した外注費15万円を振り込んだ
　（借）買　掛　金　　150,000　（貸）普通預金　　150,000

❼ 4月30日　家賃17万円を振り込んだ。その際、振込手数料が210円かかった
　（借）地代家賃　　　170,000　（貸）普通預金　　170,000
　　　　支払手数料　　　　210　　　　普通預金　　　　210

● 「預金出納帳」の記帳のしかた ●

普通預金　出納帳　△△銀行

×年4月

日	相手科目	入金	出金	残高	摘要
				900,000	前月(前貫)より繰越
❶ 1	事業主貸		500,000	400,000	4月分生活費
❷ 5	売掛金	315,000		715,000	B社より入金
5	支払手数料		630	714,370	B社振込手数料
❸ 10	水道光熱費		4,550	709,820	ガス代
❹ 15	通信費		9,885	699,935	電話代
❺ 25	給与		250,000	449,935	4月分
25	預り金	10,240		460,175	源泉所得税
25	支払手数料		210	459,965	給与振込手数料
❻ 30	買掛金		150,000	309,965	D社へ支払い
❼ 30	地代家賃		170,000	139,965	家賃　5月分
30	支払手数料		210	139,755	家賃振込手数料

手形割引料については、青色申告決算書の勘定科目が利子割引料となっているので、「利子割引料」を使います

5-8 手形・小切手に関する仕訳と記帳のしかた

ここがポイント！
- 代金決済が手形による場合は受取手形帳、支払手形帳に記入する
- 小切手を振り出したときは当座預金出納帳に記帳する

受取手形が2枚のときは仕訳も2行になる

　売掛金の回収が受取手形による場合、あるいは買掛金の支払いに支払手形を振り出す場合には、それぞれ受取手形帳、支払手形帳に記録して管理するようにします。

　まず、**受取手形**の場合は、手形を受け取ったら、受け取った日付、手形種類、手形番号、摘要、振出人、支払人、振出日、支払場所、満期日、金額を記入します。備考欄には、期日に決済されたか、期日前に割引したのか、裏書して回したのか、その顛末を記入します。受取手形については満期日に無事決済されるまで、しっかりと管理を行ないましょう。

---

❶ 5月19日　A商事より受取手形により売掛金55万円を回収した
　　　　　　（手形は30万円と25万円の2枚だった）
　（借）受取手形　　300,000　　（貸）売　掛　金　　300,000
　　　　受取手形　　250,000　　　　　売　掛　金　　250,000

❷ 6月20日　30万円の手形を銀行で割り引き、手形割引料を支払った
　（借）普通預金　　300,000　　（貸）受取手形　　300,000
　　　　利子割引料　　1,000　　　　　普通預金　　　1,000

❸ 6月30日　25万円の手形を裏書して買掛金の支払いに回した
　（借）買　掛　金　250,000　　（貸）受取手形　　250,000

支払手形を振り出したときの仕訳のしかた

　支払手形を振り出したときは、手形を渡した日、手形種類、手形番号、

●「受取手形帳」への記帳のしかた●

❶
△年月日	手形種類	番号	摘要	振出人	支払人	振出日	
5 19	約手	222535	売掛金	A商事	同社	5	20
5 19	〃	222536	〃	〃	〃	5	20

●「支払手形帳」への記帳のしかた●

❹
△年月日	手形種類	番号	摘要	振出人	受取人	振出日	
5 30	約手	00760	買掛金	当社	C社	5	30

摘要、振出人、受取人、振出日、支払場所、満期日、金額を記入します。支払手形については、満期日に滞りなく決済できるよう、資金繰りには万全の注意を払うようにします。

❹ 5月30日　支払手形によりC社に買掛金15万円を支払った
（借）買　掛　金　　150,000　　（貸）支払手形　　150,000

小切手を振り出したときの仕訳のしかた

　小切手を振り出して買掛金の支払いを行なう場合には、当座取引となるので「**当座預金出納帳**」に記帳します。

　小切手は、基本的に振出日から10日間の呈示期間に支払うことになっています。したがって、振り出したら当座預金出納帳に記帳して、資金を当座預金口座に移動して決済用に準備します。

　小切手の受取人が小切手を銀行に呈示しないと、当座預金口座から決済されません。当座預金出納帳と銀行の当座預金照合表とは残高がずれ

支払場所	満期日	金額	備考		
○○銀行	8 20	300000	6	20	△△銀行割引 ❷
〃	9 20	250000	6	30	B社に裏書譲渡 ❸

支払場所	満期日	金額	備考
××銀行	8 30	150000	

ることがありますが、それは未落ちの小切手をチェックすれば、その原因がわかります。

❺ 5月30日 小切手により買掛金7万円を支払った
（借）買 掛 金　　70,000　（貸）現　　金　　70,000

● 「当座預金出納帳」の記帳のしかた ●

当座預金　出納帳

×年 5 月

日	相手科目	入金	出金	残高	摘要
				200000	前月（前買）より繰越
❺ 30	買掛金		70000	130000	C社　A3410

COLUMN

掛け売り、掛け仕入などの処理のポイント

　現実の取引では、「掛け売り」や「掛け仕入」「料金後払い」というような入金や支払い形態はたくさんあります。

　「掛け売り」は、実際に代金を回収してはじめて売上がたつ、というのが実感でしょう。ところが、会計も所得税法も、売上については「収入すべき金額」を計上することになっています。請求書を出し忘れていたものでも、取引の事実があって、権利が確定していて、金額も確定していれば、売上は発生していると考えます。

　もう一つ、見落としがちなのが「締め後の売掛」です。取引先によって締め日は異なることが多いので、一つ一つチェックしていきます。

　たとえば、締め日が15日だったら、12月分の請求は11月16日から12月15日の分です。決算時には、12月16日から12月31日までに商品の引渡しやサービスの提供等があったかどうかをチェックします。締め後の売上はまだ請求はたっていませんが、売上にあげておかないと計上モレになってしまいます。

　逆に「掛け仕入」や「費用の未払い」は計上モレしたとしても、税務上はあまり問題になりません。これは、その分の費用が少なくなっているので税金の支払いは多くなり、課税上問題はないと考えられているからです。

　特に、請求書が届いていないために計上がもれてしまったのではつまりません。12月分は仕入先、取引先に請求書を早めに出すようにお願いしておくとよいでしょう。

　費用の未払い分は、毎月支払う電話料金やガス・電気代、新聞代が何月分なのか、請求明細などを見て確認します。1か月遅れで支払っているケースが多いので、翌年1月に支払う分については12月の費用に計上できる可能性大です。

　なお、税込経理をしている場合は、消費税の納税額を未払計上することができるので、忘れないように計上しましょう。

6章

給与計算と社会保険事務はこうする

家族やアルバイトなどを雇ったときには、普通の会社と同じような給与支払事務が発生します。税金や社会保険に関する事務について知っておきましょう。

6-1 毎月の給与計算事務の流れはこうなっている

ここがポイント!
- 支払総額を計算してから控除額を差し引く
- 締め日から支払日の間に事務が行なわれる

人を雇ったら労働条件の取決めをしておく

人を1人でも雇ったら、給与の支払いが発生します。「青色事業専従者」がいる場合も同様に、給与の支払いが発生します。

給与を支払う際には、まず給与の支払総額を計算して、そこから控除するべきものを差し引きます。給与の支払いは毎月発生するので、**給与計算事務も毎月必ず一定のサイクルで行なうこと**になります。まずは、給与の計算・支払い事務の流れをしっかりと押さえてあわてないようにしたいものです。

ところで、給与計算を行なう前に注意すべきことがあります。それは、人を雇ったら**労働条件について最低限決めておかなければならない**、ということです。

勤務時間は何時から何時までか、休日・休暇はどうなっているか、給与の計算方法や残業があったときの支払方法はどうするか、遅刻・早退をしたときの取扱いはどうするか、給与の締め日、支払日はいつか、昇給はどうなっているか、などです。これらについては、口頭で説明するだけでなく、**書面で提示**しておいたほうがお互いに気持ちよくはたらくことができます。

カレンダーで毎月の支給日をチェックしておく

それでは、毎月の給与計算・支払いに関する事務の流れを見ていくことにしましょう。

実務上、一番多い「20日締め、25日払い」のケースでみていくと、事務のスタートは締め日の翌日である21日からとなり、支払日は25日です。したがって、この5日間のうちに給与計算をする時間をつくることになります。現金支給であれば支給する当日、金種別に現金を用意すれば間に合います。振込みの場合は、前日に手続きをすれば間に合うでしょう。

●給与計算事務の流れ●

① 締め日になったら、タイムカードや出勤簿により、勤務時間数や出勤日数を計算する

② 時間外勤務や休日出勤があった場合には、残業代の計算をしてから給与総額を計算する

③ 給与総額から差し引く所得税、社会保険料など、控除する金額を計算する

④ 給与総額から各種控除額を差し引いて、手取額を計算する

⑤ 給与支払明細書を作成する

⑥ 給与台帳を作成する

⑦ 銀行振込みにより支払う場合には、振込手続きを行なう

⑧ 現金支給の場合には、金種別の現金を準備する

⑨ 支払日に支給し、給与支払明細書を従業員に渡す

　なお、給与の支給日が土・日・祭日にあたったときは、支給日は一般的に前倒しで支払われています。カレンダーでその月の支給日を確認して、給与計算事務を行なう日を決めるという段取りになります。

6-2 「給与支払明細書」と「給与台帳」の記入のしかた

ここがポイント!
- 給与支払明細書は必ず従業員に渡す
- 給与台帳に記入すべき項目は労働基準法で決まっている

基本給、手当など賃金の種類ごとの金額を記入する

「給与支払明細書」は、給与の支払者が支給日に従業員に渡すものであり、「給与台帳」は、給与の支払者が作成し保存しておかなければならないものです。ちなみに、給与台帳の保存期間は最後に記入した日から3年間となっています。

労働基準法によって、給与台帳に記入する項目が決められています。具体的には以下の6項目で、給与支払明細書にも同じ内容の項目を記入します。

---
①氏名・性別
②給与の計算期間
③労働日数・労働時間数
④残業、休日、深夜労働の時間数
⑤基本給、手当、その他賃金の種類ごとの金額
⑥賃金の一部を控除した場合のその額

給与支払明細書や給与台帳は、フォーマットが印刷されたものが市販されています。項目がもれなく載っていれば、ワープロや表計算ソフトで作成したものでもかまいません。

それでは、具体的な例をもとに、給与支払明細書、給与台帳に記入してみましょう。

【例】
- 給与の計算期間… 6月21日から7月20日
- 労働日数…20日間、労働時間…150時間
- 残業時間数… 3時間
- 基本給…20万円、時間外手当…4,500円、通勤手当…7,200円
- 所得税…4,810円

● 「給与支払明細書」のモデル例 ●

7月分　給与支払明細書

氏名　鈴木広子　（男・⑨女）

労働日数	自 6月21日 至 7月20日	20日
労働時間数	150 時間	分
所定時間外労働	3 時間	分

支給額	基本給	200,000
	残業手当	4,500
	交通費	7,200
	合計	211,700

控除額	健康保険料	
	介護保険料	
	厚生年金	
	雇用保険料	
	所得税	4,910
	住民税	
	合計	4,910
差引支給額		206,790

> 社会保険については、天引きでなく、本人が国民健康保険料や国民年金保険料を納めています

●「給与台帳」のモデル例●

雇入年月日	×年6月21日	氏名	鈴木広子	性別	男・⑨
賃金計算期間	7月分		月分		月分
労働日数	20日				
労働時間数	150時間				
休日労働時間数					
早出残業時間数	3時間				
深夜労働時間数					
基本給	200,000				
所定時間外割増賃金	4,500				
手当 通勤手当	7,200				
手当 家族手当					
手当 住宅手当					
合計	211,700				
控除額 健康保険料					
控除額 介護保険料					
控除額 厚生年金					
控除額 雇用保険料					
控除額 所得税	4,910				
控除額 住民税					
合計	4,910				
差引支給額	206,790				

6-3 所得税の源泉徴収と納付のしかた

ここがポイント!
- 給与を支払う際には所得税を源泉徴収しなければならない
- 「扶養控除等（異動）申告書」を必ず提出してもらう

従業員が少ないときは納期の特例が受けられる

　給与の支払いをする者は、給与を支払う際に所得税を**源泉徴収**して、原則として翌月10日までに国に納めなければなりません。給与支払者には、**源泉徴収義務が課せられている**わけです。

　しかし、常時雇い入れている従業員の数が10人未満の場合には、年2回にまとめて納めることができます。これを「**納期の特例**」といいます。具体的には、1月〜6月までの分は7月10日まで、7月〜12月までの分は1月10日まで（特例の特例で1月のみ20日まで）に支払えばよいことになっています。

　ただし、納期の特例を選択する場合には、届出が必要です。参考のために、「**給与支払事務所等の開設届出書**」と「**源泉所得税の納期の特例の**

●所得税の納付期限●

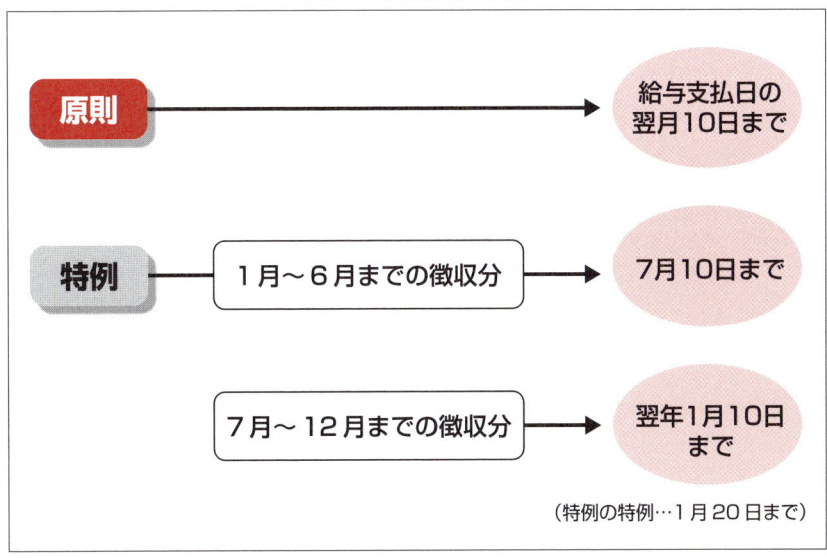

原則		給与支払日の翌月10日まで
特例	1月〜6月までの徴収分	7月10日まで
	7月〜12月までの徴収分	翌年1月10日まで

（特例の特例…1月20日まで）

●「給与支払事務所等の開設届出書」の書き方●

給与支払事務所等の ㊥開設㊥ 移転 廃止 届出書

※整理番号

税務署受付印

平成2X年 3月20日

豊島 税務署長殿

給与支払事務所等

（フリガナ）
名　称　アイショップ
所　在　地　豊島区駒込8-1
電話（03）5940-0000
（フリガナ）　アオヤマ　カズオ
代表者又は責任者の氏名　青山　一夫 ㊞

所得税法第230条の規定により下記のとおり届け出ます。
記

給与支払事務所等を開設・移転・廃止した年月日	平成2X年 4月 1日	屋　号	アイショップ
開設・廃止の内容	☑法人設立　☐法人成り ☑開業　☐支店開設 ☐解散　☐休業 ☐廃業　☐支店閉鎖 ☐その他（　　）	事務担当者の氏名及びその所属する係名	青山　一夫
		関与税理士 住所	電話（　）－
本店又は主たる事務所の所在地	豊島区駒込8-10	（フリガナ）氏名	
事業種目	雑貨小売		
給与支払を開始する年月日	平成2X年 4月25日	移転前後の所在地	

従事員数及び給与支払の状況

区分	役員	事務職員	営業・工員	その他	計
従事員数	人	1人	人	人	1人
給与の定め方		月給			
税額の有無	有・無	㊲・無	有・無	有・無	

（その他参考事項）

税理士署名押印　　　　　　㊞

※税務署処理欄	部門	決算期	業種番号	入力	名簿等

（源0301）

●「源泉所得税の納期の特例の承認に関する申請書」の書き方●

源泉所得税の納期の特例の承認に関する申請書
兼納期の特例適用者に係る納期限の特例に関する届出書

※整理番号

税務署受付印

平成2X年3月20日

豊島 税務署長殿

（フリガナ）	アイショップ
名　　　称	
所　在　地	豊島区駒込8-1
	電話　03 － 5940 － 0000
（フリガナ）	アオヤマ　カズオ
代表者氏名	青山　一夫　㊞

所得税法第216条の規定による源泉所得税の納期の特例についての承認を申請します。
また、この申請が認められた場合は、租税特別措置法第41条の6第1項の規定による源泉所得税の納期限の特例についても併せて適用を受けたいのでこの旨届出します。

申請の日前6か月間の各月末の給与の支払を受ける者の人員及び各月の支給金額 〔 外書は、臨時雇用者に係るもの 〕	月区分	支給人員	支給額
	年　　月	外 　　　　人	外 　　　　円
	年　　月	外 　　　　人	外 　　　　円
	年　　月	外 　　　　人	外 　　　　円
	年　　月	外 　　　　人	外 　　　　円
	年　　月	外 　　　　人	外 　　　　円
	年　　月	外 　　　　人	外 　　　　円

1　現に国税の滞納があり又は最近において著しい納付遅延の事実がある場合で、それがやむを得ない理由によるものであるときは、その理由の詳細
2　申請の日前1年以内に納期の特例の承認を取り消されたことがある場合には、その年月日

税理士署名押印　　　　　　　　㊞

※税務署処理欄　部門　決算期　業種番号　入力　名簿

（源1401-3）

6章　給与計算と社会保険事務はこうする

承認に関する申請書」の記入例を126、127ページに載せておきました。

　この納期の特例の承認に関する申請書は、申請した日の属する月の翌月末日までに税務署から通知がない場合は、その申請月の翌月末日に承認があったものとされます。たとえば、4月分から適用を受けるためには、3月中に申請書を提出することになります。

扶養控除等申告書の提出がないと税金が高くなる

　源泉徴収する場合、従業員からは「**扶養控除等（異動）申告書**」を必ず提出してもらうようにします。この扶養控除等申告書は、主たる給与の支払者に毎年1回必ず（1月1日現在で）提出することになっています。

　なぜ、扶養控除等申告書の提出が大切かというと、「**給与所得の源泉徴収税額表（月額表）**」から徴収すべき税額を求めるときに、扶養控除等申告書の提出があれば「**甲欄**」を適用し、提出がない場合は「**乙欄**」を適用することになり、扶養控除等申告書の提出の有無により、源泉徴収する所得税の額が異なる（乙欄の税額は甲欄よりも高い）からです。

　ただし、従業員が2か所以上で働いているケースで、主たる給与はほかのところ、こちらはアルバイトというような場合は、扶養控除等申告書を提出させる必要はありません（主たる給与の支払者に提出します）。

　なお、「源泉徴収税額表」は税務署から送られてきますし、国税庁のホームページで見ることもできます。

扶養親族等の数によって税額は変わる

　それでは、源泉徴収税額表（以下「税額表」という）の見方をマスターしておきましょう。毎月、所得税をいくら源泉徴収すればよいかは、この税額表から求めます。

　まず、給与の総支給額から社会保険料や非課税である通勤手当を除いた金額を税額表のなかから見つけてください。そして、扶養控除等申告書の提出がある場合は、「**甲欄**」を見てください。「**扶養親族等の数**」により源泉徴収する税額が変わってきます。

　「扶養親族等」とは、控除対象配偶者および扶養親族のことをいいます。この扶養親族等の数が0人の欄は、扶養親族等がいない場合、1人

●源泉徴収税額表の見方●

(二)　　　　　　　　　　　　　　　　　　　　　　　　(167,000円～289,999円)

その月の社会保険料等控除後の給与等の金額		甲 扶養親族等の数								乙
以上	未満	0人	1人	2人	3人	4人	5人	6人	7人	税額
円	円	円 税額								円
167,000	169,000	3,620	2,000	390	0	0	0	0	0	11,400
169,000	171,000	3,700	2,070	460	0	0	0	0	0	11,700
171,000	173,000	3,770	2,140	530	0	0	0	0	0	12,000
173,000	175,000	3,840	2,220	600	0	0	0	0	0	12,400
175,000	177,000	3,910	2,290	670	0	0	0	0	0	12,700
177,000	179,000	3,980	2,360	750	0	0	0	0	0	13,200
179,000	181,000	4,050	2,430	820	0	0	0	0	0	13,900
181,000	183,000	4,120	2,500	890	0	0	0	0	0	14,600
183,000	185,000	4,200	2,570	960	0	0	0	0	0	15,300
185,000	187,000	4,270	2,640	1,030	0	0	0	0	0	16,000
187,000	189,000	4,340	2,720	1,100	0	0	0	0	0	16,700
189,000	191,000	4,410	2,790	1,170	0	0	0	0	0	17,500
191,000	193,000	4,480	2,860	1,250	0	0	0	0	0	18,100
193,000	195,000	4,550	2,930	1,320	0	0	0	0	0	18,800
195,000	197,000	4,630	3,000	1,390	0	0	0	0	0	19,500
245,000	248,000	6,420	4,810	3,200	1,570	0	0	0	0	35,400
248,000	251,000	6,530	4,920	3,300	1,680	0	0	0	0	36,400
251,000	254,000	6,640	5,020	3,410	1,790	170	0	0	0	37,500
254,000	257,000	6,750	5,140	3,510	1,900	290	0	0	0	38,500
257,000	260,000	6,850	5,240	3,620	2,000	390	0	0	0	39,400
260,000	263,000	6,960	5,350	3,730	2,110	500	0	0	0	40,400
263,000	266,000	7,070	5,450	3,840	2,220	600	0	0	0	41,500
266,000	269,000	7,180	5,560	3,940	2,330	710	0	0	0	42,500
269,000	272,000	7,280	5,670	4,050	2,430	820	0	0	0	43,500
272,000	275,000	7,390	5,780	4,160	2,540	930	0	0	0	44,500
275,000	278,000	7,490	5,880	4,270	2,640	1,030	0	0	0	45,500
278,000	281,000	7,610	5,990	4,370	2,760	1,140	0	0	0	46,600
281,000	284,000	7,710	6,100	4,480	2,860	1,250	0	0	0	47,600
284,000	287,000	7,820	6,210	4,580	2,970	1,360	0	0	0	48,600
287,000	290,000	7,920	6,310	4,700	3,070	1,460	0	0	0	49,500

　の欄は、扶養親族等が1人の場合です。配偶者と扶養親族が2人いる場合は3人の欄を見ます。

　たとえば、社会保険料控除後の給与の額が275,000円で、扶養親族等が1人の場合は、「275,000円以上278,000円未満」の行で、扶養親族等の数が1人の列と交わる「5,880円」が求める源泉徴収税額になります。

6-4 住民税の特別徴収と納付のしかた

ここがポイント!
- 給与からの住民税の徴収は「特別徴収」が原則
- 住民税にも納付の特例がある

住民税は前年の所得をもとに課税される

　所得税の源泉徴収は、その月の給与の額をもとに行なうのに対して、住民税は**「前年の所得」をもとに計算する**しくみになっています。ですから、前年の所得がない人は、次の年の1年間、住民税はかかりません。

　住民税には「**都道府県民税**」と「**市区町村民税**」の2つがありますが、市区町村に合計して納めることになっています。

　また、個人住民税の納付の方法には、「**普通徴収**」と「**特別徴収**」の2種類ありますが、給与の場合には原則として特別徴収によることになっています。普通徴収は簡単にいうと、本人が直接、市区町村に納める方法です。これに対して、特別徴収は、給与の支払者が給与から差し引いて市区町村に納めます。この場合の特別徴収を義務づけられている給与支払者のことを「**特別徴収義務者**」といいます。

　なお、給与からの住民税の徴収は「特別徴収」が原則ですが、特別徴収をしない場合は、従業員は「普通徴収」の方法により、本人が直接、住んでいる市区町村に納めることになります。

●個人住民税の2つの納付方法●

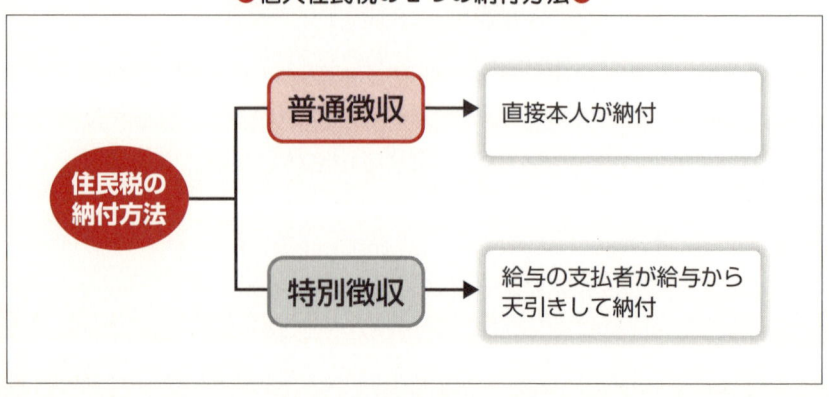

住民税の納付方法
- 普通徴収 → 直接本人が納付
- 特別徴収 → 給与の支払者が給与から天引きして納付

住民税を特別徴収する事務の流れは

特別徴収義務者の住民税徴収の事務の流れは、次のようになります。

①その年の1月31日までに、従業員の住所地の市区町村に「給与支払報告書」を提出する。
②市区町村は「給与支払報告書」をもとに住民税の計算をし、5月31日までに給与の支払者である事業主に「特別徴収税額通知書」を郵送してくる。
③事業主は送られてきた通知書にもとづいて、6月から翌年の5月までの1年間にわたり、給与を支払う際に住民税を差し引いて、翌月10日までに、従業員の住んでいる市区町村に納める。

なお「給与支払報告書」は、年末調整（136ページ参照）の際に作成する「源泉徴収票」と同じ内容のものです。税務署が用意している手書きの源泉徴収票は複写式になっていて、1枚めには「源泉徴収票」、2枚め、3枚めには「給与支払報告書」というタイトルがついています。

住民税の納付時期

住民税の特別徴収に関しても、所得税と同じように、従業員の数が常時10人未満の場合には、それぞれ従業員が住んでいる市区町村長の承認を受けて、年2回の納付にすることができます。具体的には、6月〜11月分を12月10日まで、12月〜5月分を6月10日までに納めます。

おまけの一言

従業員が普通徴収により直接納付しようとする場合は、その年1月31日までに、従業員の住所地の市区町村に「給与支払報告書」を提出する際に、その給与支払報告書の摘要欄に「普通徴収」と朱書きしておけば、給与支払報告書に記載された金額をもとに住民税を計算して、直接本人に普通徴収の通知をしてくることになっています。

6-5 社会保険料と労働保険料の控除のしかた

ここがポイント!
- ●小規模事業所の場合、社会保険は任意加入
- ●人を雇用すれば労働保険は強制加入

社会保険、労働保険とは何か

　健康保険、厚生年金保険、介護保険（40歳以上60歳未満の従業員が対象）の3つをあわせて「**社会保険**」といっています。一方「**労働保険**」は、**雇用保険**と**労災保険**がセットになっています。給与支払者は、社会保険や労働保険に加入している場合、本人負担分は給与から天引きして預かって、事業主負担分と合計して納めることになっています。

　社会保険料は、**事業主と本人とで2分の1ずつ負担**し、労働保険については、**本人が雇用保険の一部を負担**し、**事業主は雇用保険の一部と労災保険を全部負担**します。

社会保険料は標準報酬月額をもとに計算する

　社会保険料については通常、毎年4月から6月までの3か月分の平均月収による「報酬月額算定基礎届」を7月に社会保険事務所に提出し、「**標準報酬月額**」が決まります。基本的に9月から翌年8月までは、この決定した標準報酬月額により、それぞれ健康保険、厚生年金保険、介護保険の本人負担分、事業主負担分が決まります。

　毎月の給与から控除する本人負担分の雇用保険料は、支払う賃金額に被保険者負担分の保険料率をかけて求めます。この保険料を本人から預かって労働保険料を支払うときの一部に充当します。

　ところで、人を雇ったら社会保険の加入をどうするのか検討する必要があります。社会保険については、株式会社や有限会社のような法人事業所の場合は、従業員が常時1人以上であれば強制加入となっています。これに対して、個人事業所の場合には、適用業種に該当し従業員が常時5人以上いる場合には強制加入、従業員が5人未満あるいは非適用業種（サービス業の一部や農林漁業など）の事業所の場合には任意加入（加入しなくてもよい）となっています。加入しなかった場合は、従業員各自

●社会保険と労働保険の加入●

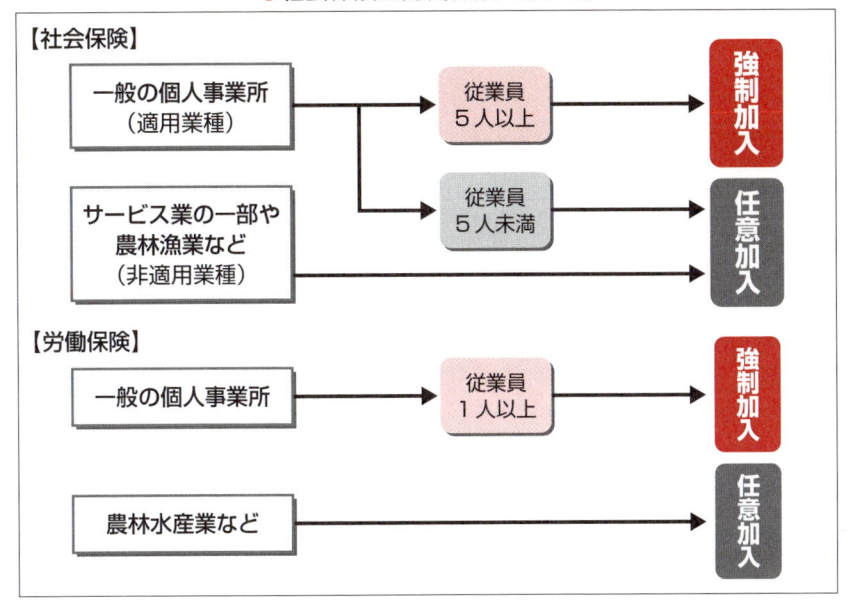

【社会保険】

- 一般の個人事業所（適用業種） → 従業員5人以上 → 強制加入
- 一般の個人事業所（適用業種） → 従業員5人未満 → 任意加入
- サービス業の一部や農林漁業など（非適用業種） → 任意加入

【労働保険】

- 一般の個人事業所 → 従業員1人以上 → 強制加入
- 農林水産業など → 任意加入

に国民健康保険、国民年金に加入してもらいます。

なお、個人事業主はもともと社会保険に加入することはできません。自分で国民健康保険、国民年金に加入することになります。

パートやアルバイトの人の扱いはどうなるのか迷うところですが、正社員と比べて、勤務時間、勤務日数が次の2つの要件に該当する場合には、事業所の社会保険に加入することができます。

> ① 1日の勤務時間数が正社員のおおむね4分の3以上ある
> ② 1か月の労働日数が正社員の所定内労働時間のおおむね4分の3以上ある

労働保険に任意加入はない

労働保険の場合は人を1人でも雇ったら、農林水産業などの一部の業種を除き強制加入になるので、雇用保険と労災保険の加入手続きが必要です。

6-6 賞与を支払うときの源泉徴収と社会保険料控除

ここがポイント!
- 賞与からも社会保険料を控除する
- 源泉徴収税額の求め方は月々の場合と異なる

前月の社会保険料控除後の給与の金額をもとに計算する

　通常、夏と冬に支給される賞与については、毎月の給与支給の際に行なう所得税の源泉徴収と社会保険料控除とは異なる計算があるので注意が必要です。

　賞与支給額が決まったら、まず健康保険、厚生年金保険、必要な場合には介護保険について、決められた保険料率を賞与額にそれぞれ掛けた保険料を徴収します。賞与の場合も、毎月の給与支給のときと同様に、従業員負担分と同額を事業主が負担します。そして、賞与を支給した日から5日以内に社会保険事務所に「被保険者賞与支払届」を提出することになっています。

　所得税の源泉徴収は、給与については「源泉徴収税額表（月額表）」に当てはめて計算しますが、賞与については**「賞与に対する源泉徴収税額の算出率の表」**を使って、「前月の社会保険料等控除後の給与等の金額」と「扶養親族等の数」にもとづいて、賞与額にかける率を決めます。支給する賞与の金額ではなく、前月の給与の金額をもとに行なうところがポイントです。

源泉徴収税額を実際に計算してみよう

　たとえば、賞与金額が35万円、扶養親族等がいない、つまり0人のケースで、賞与からの源泉徴収税額がいくらになるか計算してみましょう。

　前月の給与から社会保険料等を控除した金額をもとに「算出率の表」を見ていきます。

　社会保険料等を控除した給与の金額は、このケースでは、社会保険に加入していないので、雇用保険料のみを控除した金額とします。

　前月の給与金額275,000円から雇用保険料2,200円を差し引いた「272,800円」を「0人」の列で見ていくと、「252千円以上300千円未満」のとこ

●「賞与に対する源泉徴収税額の算出率の表」の見方●

賞与の金額に乗ずべき率	甲 扶養親族								
	0 人		1 人		2 人		3 人	
	前 月 の 社 会 保 険 料 等 控							
	以 上	未 満	以 上	未 満	以 上	未 満	以 上	未 満
%	千円	千円	千円	千円	千円	千円	千円	千円
0.000	68 千円未満		94 千円未満		133 千円未満		171 千円未満	
2.042	68	79	94	243	133	269	171	295
4.084	79	252	243	282	269	312	295	345
6.126	252	300	282	338	312	369	345	398
8.168	300	334	338	365	369	393	398	417
10.210	334	363	365	394	393	420	417	445
12.252	363	395	394	422	420	450	445	477
14.294	395	426	422	455	450	484	477	513
16.336	426	550	455	550	484	550	513	557
18.378	550	668	550	689	550	710	557	730
20.420	668	714	689	738	710	762	730	786
22.462	714	750	738	775	762	801	786	826
24.504	750	791	775	817	801	844	826	872
26.546	791	847	817	876	844	901	872	925
28.588	847	910	876	936	901	962	925	987
30.630	910	997	936	1,003	962	1,031	987	1,058
32.672	997	1,337	1,003	1,362	1,031	1,386	1,058	1,410
35.735	1,337	1,551	1,362	1,579	1,386	1,607	1,410	1,636
38.798	1,551	1,735	1,579	1,767	1,607	1,799	1,636	1,830
40.840	1,735 千円以上		1,767 千円以上		1,799 千円以上		1,830 千円以上	

> 上記「賞与に対する源泉徴収税額の算出率の表」は右半分を省略しています。実際には、扶養親族等の数が「7人以上」までと乙欄があります。

ろに該当し、賞与金額にかける率は「6.126％」であることがわかります。

次に、賞与の場合も社会保険料控除後の金額がベースとなるので、賞与金額35万円から雇用保険料2,800円を控除した347,200円に6.126％を乗じて計算した21,269円（1円未満切捨て）が賞与から源泉徴収する税額となります。

6-7 年末調整のしくみとそのやり方

ここがポイント！
- 月々の源泉徴収税額の合計額と確定税額は一致しない!?
- 源泉徴収簿を使って集計・計算する

年末調整では税金の還付または徴収が発生する

　毎月、給与の支払時に所得税を源泉徴収し、夏・冬の賞与でも源泉徴収を行ないますが、これはあくまでも税金の"**概算前払い**"です。所得税は、1月から12月までの1年間の確定した所得に対して課税するしくみになっています。実は、この確定税額と概算前払いとして源泉徴収した税額の合計額とは**一致しないのがふつう**です。

　そこで、給与所得者の場合には、給与の支払者が年末に勤務している人を対象に、1年間の所得にもとづいて所得税を計算し、それまで源泉徴収した税額と比べて源泉徴収税額のほうが多ければ還付（税金を本人に返すこと）し、逆に不足するときはその不足額を徴収します。年末に行なうこれらの一連の手続きを「**年末調整**」といいます。

まず扶養控除等申告書を提出してもらう

　年末調整事務は、まず12月の初め頃、従業員に「**扶養控除等（異動）申告書**」と「**保険料控除申告書**」（「配偶者特別控除申告書」を兼ねています）を渡して、必要事項を記入したものを提出してもらいます（「扶養控除等申告書」は年初または入社時に提出してもらったものを配付し、異動があれば記入してもらって回収します）。

　年末調整は、1年間の所得が確定しないと計算できないので、その年1年間に支払った給与や賞与の金額を「**源泉徴収簿**」を使って集計します。これは、1人分を1枚の用紙に記入して年末調整の計算をすべて行なうもので、「**一人別源泉徴収簿**」とも呼ばれています。

　1年分の給与と賞与の合計額が「給与の総額」となります。ここから「給与所得控除後の金額」を求めます。給与総額が660万円未満の場合は「簡易給与所得表」から求め、660万円以上の場合は「給与所得の速算表」を使って計算します。これらは、税務署から送付されてくる「年末調整

●「扶養控除等申告書」と「保険料控除申告書」はこんなもの●

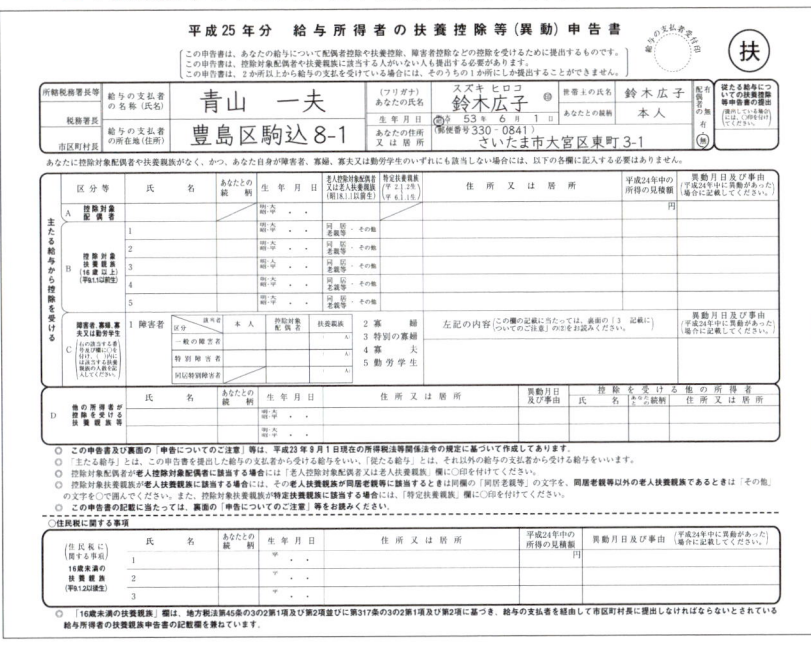

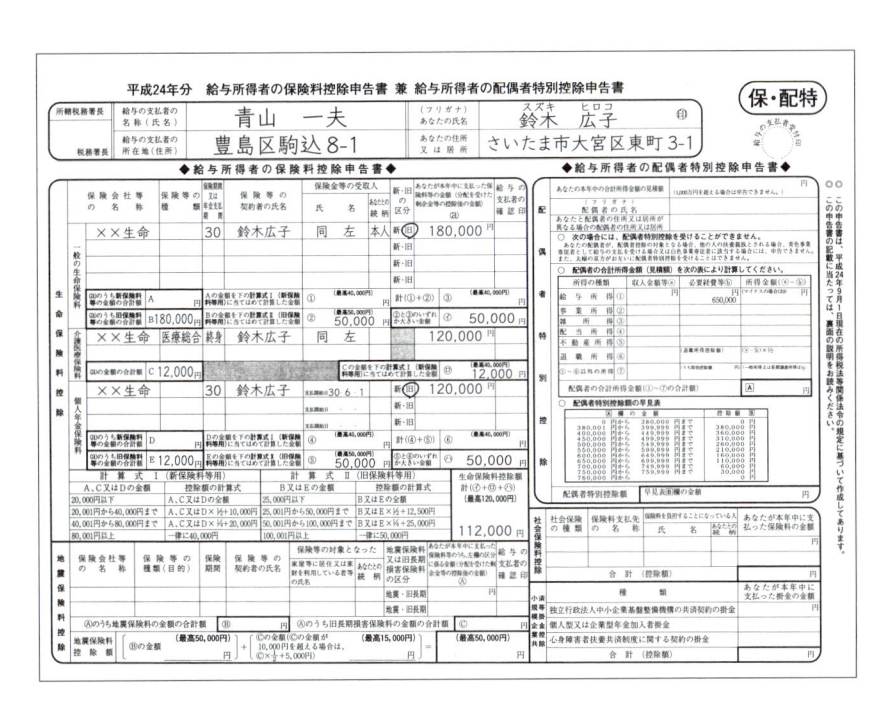

の手引き」に載っています。

　次に、扶養控除や配偶者控除、生命保険料控除などの各種所得控除の金額を記入して、その所得控除の合計額を差し引いて、ここで1,000円未満は切り捨てて、所得税の額を計算します。

　なお、所得控除は個人個人の事情によって異なるものですし、年度によっても違うケースがあります。扶養控除等申告書や保険料控除申告書などに記載された内容をチェックして、源泉徴収簿には間違いのないように記入します。

　年末調整で控除できる所得控除はかぎられています。たとえば、医療費がたくさんかかって「医療費控除」を受けたいときは、従業員本人が確定申告することになります。また、住宅取得等特別控除（住宅ローン控除）は初年度のみ確定申告が必要です（2年めからは年末調整で控除できます）。

　年末調整が終わったら「源泉徴収票」を作成し各人に渡します。給与以外に所得があるなど確定申告が必要な人は、この源泉徴収票を使うことになります。

7章

節税のために「経費」を モレなく集めよう

節税に秘策・妙案はありません。収入からマイナスできる必要経費について、いかにモレなく計上することができるかどうかが一番のポイントです。

7-1 経費をモレなく計上することが節税への一番の近道

ここがポイント!
- 家事上の費用と事業上の経費をハッキリ区分する
- 請求書、領収書はキチンと整理して保存する

自分で計上しなければ絶対に経費にはならない

「いったい、どこまで必要経費として認められるのか」「どんな経費が必要経費になるのか」…、個人事業者にとっては関心の高いテーマです。**必要経費をモレなく計上することが"節税"への一番の近道**です。いうまでもなく、必要経費が多ければそれだけ利益が減って税金も減ることになります。

個人事業者の場合、生活費としての家事上の費用と事業上の経費の区分がつきにくいものがたくさんあります。もちろん、はっきりと「これは必要経費にはならない」というものもありますが、自己判断によるものも少なくありません。自分で計上しなければ、誰も「これは経費ですよ」と教えてはくれません。この章では、必要経費の基本的な考え方を確認することにしましょう。

売上原価、人件費、販売費等に含まれるもの

まず、収入に対応する売上原価その他収入を得るために直接かかった経費があげられます。次に、1年間に使った「販売費及び一般管理費」、そして1年間のうちに生じた事業上の損失があげられます。これらの費用が必要経費になるかどうか考えてみましょう。

「売上原価」は、「商品仕入」や「材料仕入」「外注費」が該当します。基本的には100%、必要経費になります。ただし、仕入れた商品が売れないで残っていれば在庫となり、売上原価には含まれません（詳しくは、170、171ページを参照してください）。

次に、1年間の「販売費及び一般管理費」は、「人件費」「販売費」「その他経費」に分けることができます。

損失で必要経費となるのは、事業上の損失にかぎられます。

必要経費として認められるためのポイントは、請求書、領収書などの

●必要経費となる費用のいろいろ●

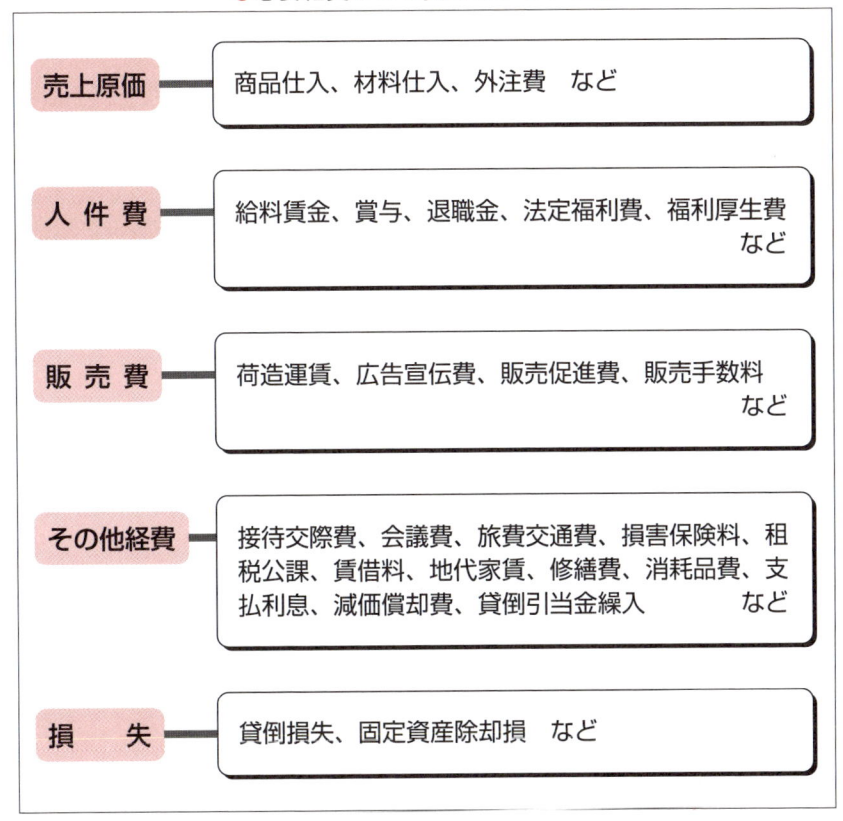

売上原価	商品仕入、材料仕入、外注費　など
人件費	給料賃金、賞与、退職金、法定福利費、福利厚生費　など
販売費	荷造運賃、広告宣伝費、販売促進費、販売手数料　など
その他経費	接待交際費、会議費、旅費交通費、損害保険料、租税公課、賃借料、地代家賃、修繕費、消耗品費、支払利息、減価償却費、貸倒引当金繰入　など
損失	貸倒損失、固定資産除却損　など

証ひょう類をきちんと整理して保存すること、そして家事上の経費との区分を明確にすることです。

おまけの一言

「必要経費」は現実に支払った金額ではなく、その年に支払うべき債務が確定した金額をいいます。債務が確定しているとは、①債務が成立していること、②事実が発生していること、③金額が確定していること、のすべてに該当する場合をいい、現実に支払った費用に加え、未払費用も含まれることになります。ただし、売上原価の額が確定していない場合にかぎり、見積額による計上が認められています。

7-2 必要経費になるもの・ならないもの

ここがポイント!
- 家事関連費は按分して必要経費を計上する
- 領収書やレシートであらかじめ経費を区分しておく

個人事業者の費用は3つに区分できる

　個人事業者が1年間に支出する費用は、おおまかに3つに分けることができます。

　まず、誰もが必要とする生活費で「**家事上の経費**」があります。具体的には、食費や服飾代、教育費、公共料金などの生活費のほか、医療費、家族旅行などの娯楽費、住宅関連の家賃、修繕費、固定資産税、火災保険料などがあげられます。これらは個人事業者特有のものではありませんので当然、事業用の必要経費としては認められません。

　次に、家事上の経費に関連する経費（「**家事関連費**」といいます）、つまり、家事上の経費でもあるし、業務上の経費でもあるという「家事・事業供用の経費」があります。たとえば、店舗兼住宅や事務所兼住宅の場合の地代家賃、修繕費、固定資産税、火災保険料などのほか、事業・家事供用の水道料金、電気代、ガス代、新聞代、電話代、車両費などがあげられます。家事関連費については、業務上の使用割合を決めて、必要経費になる部分と家事上の経費となるものに按分します。

　そして最後に、明らかに「**業務上の経費**」になるものがあります。

領収書とレシートはどちらがよいか

　実務上は、明らかに家事上の経費で、自動引き落としになるようなものや、クレジットカードの決済、住宅ローンの引き落としなどは、**個人専用の普通預金口座を使用し、事業とは切り離しておく**と経理はすっきりし、無用な間違いを減らすことができます。

　領収書も区分するように、日ごろから気をつけたいものです。たとえば、ドラッグストアなどで家庭で使う雑貨と事業用のものをいっしょに購入するときは、レジの段階で2つに分けてもらうようにしておけばいいわけです。スーパーやコンビニでも家事用と事業用は区分して支払っ

●必要経費と認められるものは●

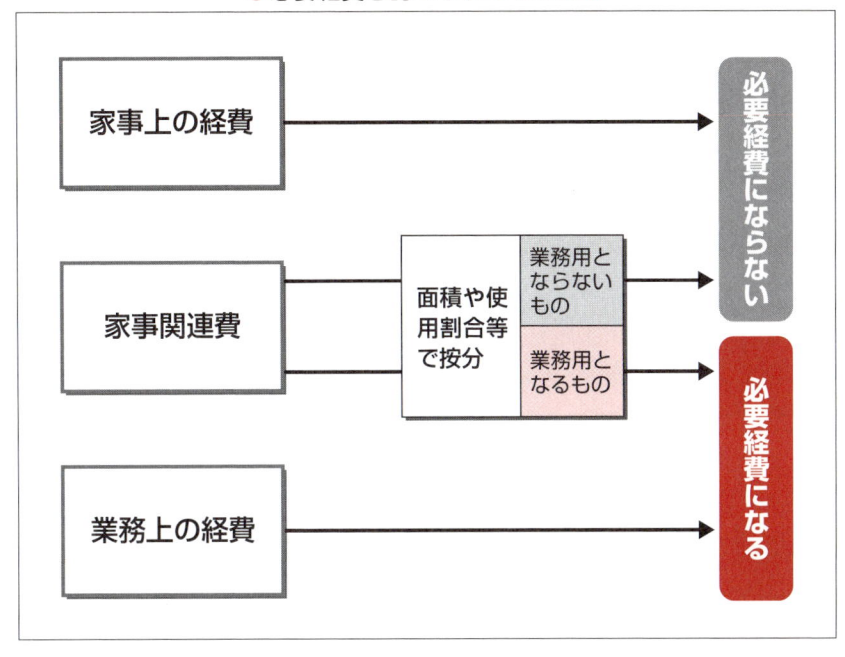

```
┌─────────────┐
│  家事上の経費  │──────────────────────────→ 必要経費にならない
└─────────────┘

┌─────────────┐         ┌──────┐ ┌─────────┐
│             │         │面積や使│ │業務用と  │→ 必要経費にならない
│  家事関連費   │────────→│用割合等│ │ならないもの│
│             │         │で按分 │ ├─────────┤
└─────────────┘         └──────┘ │業務用と  │→ 必要経費になる
                                 │なるもの  │
                                 └─────────┘

┌─────────────┐
│  業務上の経費  │──────────────────────────→ 必要経費になる
└─────────────┘
```

てレシートを別にしてもらい、事業用の支出がハッキリわかるようにします。

　ところで、よく「レシートと領収書とどちらがいいか」という質問を受けます。意識的に分けるという意味では、領収書に宛名を記載してもらうのも重要ですが、「お品代」となっていて内容がわからないものも見受けられます。きちんと内容を記入してもらうように心がけ、自分でもすぐにメモをしておくとよいでしょう。

　雑貨や文房具など細かいものは、むしろレシートのほうが内容等がわかっていい場合もあります。実際には金額の大きいものは、領収書でもらっておくようにするとよいでしょう。

7-3 自宅を事務所にしている場合の経費の考え方

ここがポイント！
- 面積や使用割合に応じて事業用の経費を計上する
- 減価償却費も区分割合に応じて費用計上する

店舗の修繕費であることが明らかなら100％必要経費

　1人で仕事しているフリーランスの個人事業者は、特に事務所を設けないで自宅を事務所兼用にしているケースがほとんどでしょう。また、商店街にあるお店などでは、自宅兼店舗としているところもたくさん見受けられます。

　このように、事務所や店舗を自宅と兼用にしている場合、自己所有のときは、家賃の支払いはないので、住宅にかかる経費については、事業に使用している割合で必要経費に計上します。具体的には、固定資産税、火災保険料、修繕費がまずあげられます。

　必要経費にどれくらいの割合で計上するかは、まさにケース・バイ・ケースです。店舗兼自宅の場合には、はっきりと面積割合で分けることができます。ただし、事務所は居間を兼用して使っているとしたら、居間の面積の何割かを事業用の面積に追加することも考えられます。自宅の間取りと総面積をもとに、**自宅と事業用の面積や使用の割合に応じて**、割合を決めることになります。

　ただし、「修繕費」の場合には、全体にかかるものだったら、他の経費に適用しているのと同じ割合を使いますが、店舗の修繕費であることが明らかであれば、100％必要経費になります。

面積割合の計算のしかた

　自宅兼事務所の場合に忘れてならないのが、建物についての「減価償却費」の計上です。減価償却費については、156ページと166ページで詳しく解説しますが、ここでは具体的に自己所有のマンションを事務所として使っているケースで考えてみましょう。

　たとえば、3LDK（60㎡）の間取りの1室（約10㎡）は完全に事務所として使用し、居間（約20㎡）の30％部分も事務所として使用してい

● 自己所有の自宅を事務所等に使用しているケース ●

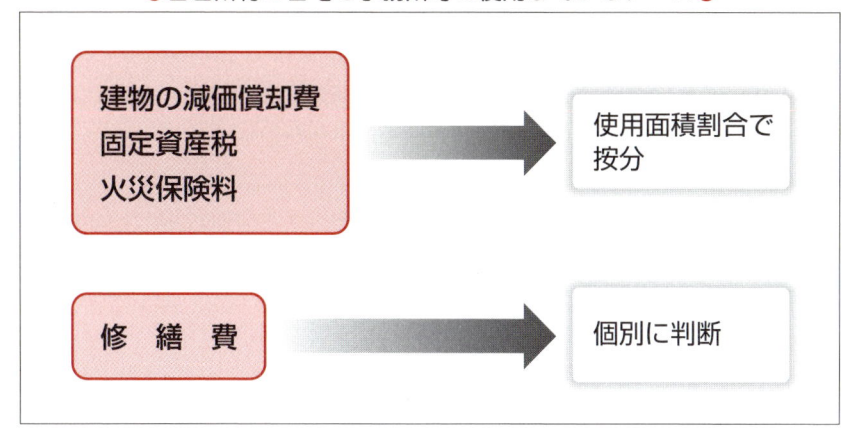

```
建物の減価償却費
固定資産税       →  使用面積割合で按分
火災保険料

修繕費          →  個別に判断
```

る場合、事務所として使用している面積は「10㎡＋20㎡×30％＝16㎡」となり、面積割合は「16㎡÷60㎡＝26.6％」と計算できます。でも、廊下やトイレについても一部使用していると考え、事業割合は「30％」と決定しました。

建物の取得価格にこの割合をかけて資産に計上し、毎年「減価償却費」を費用化していきます。事業用の割合はだいたい何割くらい、というアバウトなものではなく、**どのような考え方で決めたのかというプロセス**が重要なのです。

親族所有の住宅の一部を事務所にしている場合

自己所有ではなく、生計を一にする親族が所有する住宅の一部を事務所として使用している場合の扱いはどうなるのでしょうか。生計を一にする親族に対する地代家賃は、たとえ実際に賃借料を支払っていたとしても、必要経費にすることはできません。そのかわり、建物についての減価償却費や固定資産税、損害保険料、水道光熱費等は、その親族が負担しているものであっても、必要経費に計上することができます。

具体的には、親と同一の家屋に起居しているケースが想定できます。この場合、生計を一にする親族の所有する住宅ですから、地代家賃は必要経費にはなりませんが、仮に生計を一にしていないのであれば、たとえ親と同居であっても必要経費になります。

7-4 事務所や店舗を借りている場合の経費の考え方

ここがポイント!
- 不動産業者への仲介手数料は必要経費になる
- 返還を前提とした敷金は必要経費にならない

礼金は当年対応分のみ必要経費にできる

　事務所や店舗を100％賃貸で使用しているケースで考えてみましょう。

　最初に賃貸借契約を結ぶと、一般的には、まず不動産業者への仲介手数料が発生します。これは全額「支払手数料」として必要経費になります。

　次に貸し主に、敷金あるいは保証金、礼金、家賃の支払いが発生します。たとえば「敷金」は、退室時に全額返還されるものであれば、資産に計上することになり、必要経費にはなりません。

　「礼金」については、賃貸借の契約期間にわたって効果が及ぶので、契約期間に応じて費用になります。たとえば、契約期間が2年間で礼金が30万円という場合、契約開始日が5月だったら、本年分の必要経費は5月から12月までの8か月分となります（30万円×8か月／24か月＝10万円）。

　ただし、礼金の金額が20万円未満の場合には、支払った年に全額、必要経費にすることができるので注意が必要です。これは、契約期間を更新して「更新料」を支払ったときも、まったく同じ考え方です。

　「家賃」については、翌月分を月末までに支払う、いわゆる"前家賃契約"がほとんどでしょう。契約書で前家賃となっているときは、翌月分であっても支払ったときの必要経費にすることができます。ですから、12月末に支払う家賃は翌年の1月分ですが、支払ったときの必要経費にすることができます。

　ただし、自宅兼事務所または自宅兼店舗の場合は、144ページの自宅を一部使用している場合と同様に、面積や使用割合をもとに事業用の割合を定めて、按分して必要経費に計上します。

　なお、事務所や店舗をまったくの第三者から借りている場合は、当然に地代家賃、管理費等は必要経費になります。家主が親族の場合には、

●賃貸のケースの敷金等の取扱い●

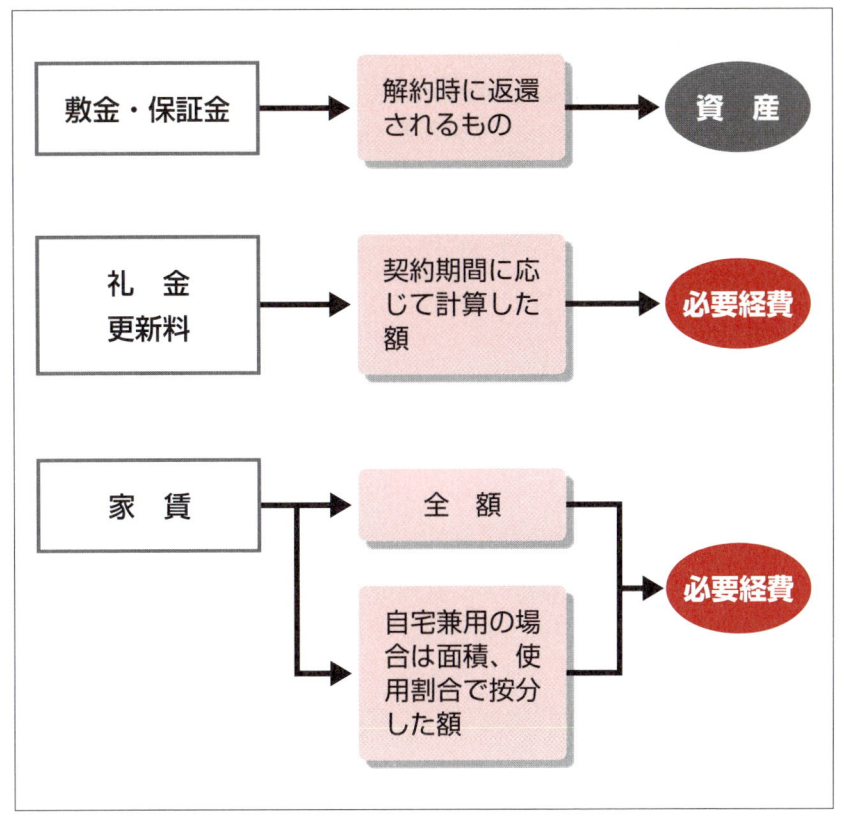

- 敷金・保証金 → 解約時に返還されるもの → **資産**
- 礼金・更新料 → 契約期間に応じて計算した額 → **必要経費**
- 家賃 → 全額 / 自宅兼用の場合は面積、使用割合で按分した額 → **必要経費**

生計を一にしているかどうかで、必要経費になるかどうかが決まります。

おまけの一言

所得税では「生計を一にする」という言葉がよくでてきます。同じ屋根の下で生活していると、生計を一にしているように思いがちですが、同居か別居かということは必ずしも絶対条件ではありません。同居していても家計が別であれば、生計を一には該当しません。逆に、大学進学などで親元を離れている子でも、扶養していれば生計は一になります。また、親が長期入院して療養中の場合、同居していなくても、本来は同居して扶養しているようなときは、生計を一にしていることになります。

7章 節税のために「経費」をモレなく集めよう

7-5 租税公課、水道光熱費などを必要経費にするときの注意点

ここが
ポイント!
- 所得税、住民税は必要経費にはならない
- 水道光熱費は按分して事業用分を必要経費にするケースも

租税公課

「租税公課」には、事業に関連して支出する税金や共同組合費、同業者団体の諸会費などが含まれます。原則として、その年中に納付額が確定したものは、その年の必要経費になります。

たとえば、固定資産税の場合、市区町村によって多少の違いがありますが、4月頃に支払通知がきて一括払いか4回払い（4月、7月、12月、翌年2月）により支払います。この場合、未払いであっても支払通知によって確定した**1年分の金額を必要経費に計上する**ことができます。

税金であっても、所得税と住民税は個人的に負担するものとされ、必要経費にすることはできません。また、加算税や延滞税のように罰金として課された税金はやはり必要経費にすることはできません。固定資産税で必要経費にできるのは、事業に使用している不動産にかかるものにかぎられます。

●租税公課で必要経費になるもの・ならないもの●

必要経費に なるもの	固定資産税、自動車取得税、自動車重量税、印紙税、事業税、各種の組合費、会費　など
必要経費に ならないもの	所得税、住民税、相続税、贈与税、国税の加算税、延滞税、地方税の加算金、延滞金　など

荷造運賃（にづくりうんちん）

　運送業者への支払いや、宅配便業者などへの手数料は「**荷造運賃**」として必要経費にすることができます。

　宅配便については、領収書だけでなく、送り状の控をファイルしておくようにしましょう。送り先が事業上の関係であることの証明になります。

広告宣伝費（こうこくせんでんひ）

　電話帳広告、駅頭などの看板広告、新聞の折り込みチラシ、チラシのポスティング、カタログの印刷、インターネットのホームページ作成費用などは「**広告宣伝費**」として必要経費になります。

水道光熱費

　「**水道光熱費**」には、ガス代、電気代、水道代が入ります。自宅兼事務所や自宅兼店舗の場合には、使用割合等により按分して必要経費に計上します。

　実務上は、まず全額を水道光熱費で処理し、家事上の部分を必要経費から除きます。たとえば、使用割合が事業用40％、家事上60％の場合、仕訳は次のようになります。これにより、15,000円の60％である9,000円を差し引いた6,000円が必要経費になるわけです。

（借）水道光熱費　15,000	（貸）普通預金	15,000
		（電気代1月分）
（借）事業主貸　　　9,000	（貸）水道光熱費	9,000
		（自家消費分）

7-6 福利厚生費、修繕費などを必要経費にするときの注意点

ここがポイント！
- 従業員へのお茶・コーヒー代は福利厚生費
- 修繕費は資本的支出との区別に注意する

給料

「給料」は、従業員やアルバイトへ支払うものを計上します。生計を一にする配偶者や親族への給料の支払いは「青色事業専従者給与」として区別しますが、毎月の経理では給料に含めて処理しておきます。

「通勤交通費」を実費支給した場合は、電車通勤なら1か月10万円までは所得税は非課税となります。給料といっしょに支払ったとしても、「旅費交通費」として区別して処理しておくと、給料と賃金台帳の金額が一致するはずなのでチェックが簡単にできます。

福利厚生費

従業員に対する茶菓子やお茶・コーヒー代、残業時の夜食代、忘年会、社員旅行などの費用が「福利厚生費」になります。事業主が負担することになっている健康保険、厚生年金保険、労働保険などの保険料、また退職金に備えて支出する退職共済掛金なども必要経費になります。

ところで、従業員がいないと福利厚生費は認められないのでしょうか。たとえば、青色事業専従者である妻とふたり、あるいは事業主ひとりというケースです。この場合でも、事務所に備え付けているお茶やコーヒー代などは、常識的な範囲なら福利厚生費になると考えられます。

個人事業の場合、食事付きを条件に採用しているケースも見受けられます。食事を従業員に支給する場合、全額を事業主が負担すると給与扱いになり、源泉徴収の対象になります。ただし、事業主の負担が、1か月の食事代の半分以下で月額3,500円以下であれば、福利厚生費とすることができます。

飲食店や喫茶店などでは、お店のメニューにあるものを従業員に出し

ているケースがありますが、福利厚生費とするときは、店の売り値ではなく原価を支給額として考えます。また、飲食店によっては"まかない食"といって、店にある材料で食事をつくって支給している場合があります。この場合は、材料費を見積もって支給額を算出します。

実務上は、平均的な1食分の金額を決めて1か月をまとめて計上する方法でも差し支えはないでしょう。なお、従業員の負担分については、毎月の給料支払額から食事代を差し引いて支給する方法が一般的です。

修 繕 費

資産を使用していれば、いつかは壊れたり、調子が悪くなったりして修繕の必要がでてきます。

「**修繕費**」は、事業用の建物、車両運搬具、機械装置、工具器具備品などの固定資産の維持管理に欠かせない必要経費です。ただし、修繕費として全額がその年の必要経費になるとはかぎりません。支出したことで、その資産の使用可能期間が延長するような場合や、その資産の価値が上がるような場合は「**資本的支出**」、つまり資産に計上して「減価償却費」として費用にしていきます。支出した年に全額は必要経費になりませんが、その後数年で費用化されるわけです。

実際には、修繕費か資本的支出かという判定は非常にむずかしいので、「**形式基準**」というものが設けられています。その基準によれば、支払額が20万円未満の場合、あるいはおおむね3年以内の周期で修理、改良等が行なわれている場合は、修繕費として必要経費になります。また、修繕費か資本的支出か明らかでない場合は、その支出額が60万円未満であるか、あるいはその固定資産の前年末取得価額のおおむね10％以下であるときは全額、修繕費とすることができます。

7-7 通信費、旅費交通費などを必要経費にするときの注意点

ここがポイント！
- 店舗、事務所の専用電話なら電話代は必要経費
- 旅費交通費は精算書や出金伝票で管理する

損害保険料

「**損害保険料**」は、事業用と家事費とに区分し、事業・家事供用の場合には、使用割合などで按分することになります。

　まず、事業用車両に対する「自動車保険」、商品や店舗、事務所に対する「火災保険」、商品にかかる「盗難保険」などは、明らかに事業用のものと考えられ、全額、必要経費になります。これに対して、自宅の火災保険や自家用車両に対する自動車保険は家事上の経費となり、必要経費にはできません。ただし、火災保険料は確定申告の際の所得控除のところで損害保険料控除の対象になります（詳しくは189ページ参照）。

　事業・家事に供用している火災保険料は、建物の面積や使用割合によって減価償却費などの割合と同様に按分します。そして、事業用の部分は必要経費とし、家事用の部分は損害保険料控除の対象にすることができます。

通信費

　電話料金、切手代、はがき代などは「**通信費**」になります。

　電話代については、店舗や事務所の固定電話で使用する分は100％、必要経費になります。自宅を事務所にしている場合には、事業専用の回線をもっているときは、その番号の料金は100％、必要経費と考えてよいでしょう。電話が1本しかない場合には、事業への使用割合に応じて必要経費に計上します。

　電話料金が預金口座からの自動引き落としになっているときは、通帳で確認できますが、料金の明細書をとっておいたほうがよいでしょう。携帯電話の料金も、事業専用にしているときは100％、兼用の場合は使

用割合により必要経費に計上します。

　切手代やはがき代については、まとめ買いをして領収書をもらうようにします。暑中見舞いや年賀状についても、事業用ならもちろん必要経費になります。

旅費交通費

　「**旅費交通費**」には、通勤交通費、近距離の電車代、バス代などのほか、出張交通費、宿泊費、タクシー代などが含まれます。

　通勤交通費は、従業員やアルバイトの人に支払った通勤にかかる実費です。近距離の切符代は領収書が出ないので、交通費の「精算書」を作成して、日付、行き先、交通経路を記録するようにします。むずかしく考えないで出金伝票に記載することでもOKです。

　JR、私鉄、地下鉄、バス等の各社から、さまざまなプリペイドカードが出ています。事業専用で使う場合には、購入時に領収書をもらうように心がけましょう。領収書がないときは、出金伝票に記録しておきます。カードによっては裏側に日付と経路が記録されるものがありますが、これは捨てないで保管しておいてください。

　タクシーを使ったときは、領収書をもらうことを習慣にしましょう。レシート形式ですぐに出てきますから、ほとんど時間がかかりません。レシートには行き先等をメモしておくことを心がけてください。

おまけの一言

旅費交通費のなかでも特殊なものとして「海外渡航費」があります。事業主と従業員に支出する海外渡航するための旅費等のことですが、事業遂行上、直接必要と認められる場合で、その旅行に通常必要と認められる部分の金額は全額、必要経費になります。いわゆる「海外出張」と呼ばれるもので、100％事業目的のケースです。これに対して、事業遂行上必要な旅行と観光をセットで行なった場合は、旅行期間で按分することになりますが、往復の旅費は必要経費となります。

7-8 接待交際費、消耗品費などを必要経費にするときの注意点

ここがポイント!
- 個人事業者には交際費の損金算入限度額はない
- 購入価額が10万円未満だったら消耗品費で処理できる

接待交際費

「**接待交際費**」とは、事業上の得意先、仕入先などの取引先に対する接待、贈答、慶弔などにかかる費用をいいます。具体的には、接待のための飲食代、お中元、お歳暮等の贈答費、祝い金、見舞金、香典等の慶弔にかかる費用などです。

会社組織にしている場合には、交際費には限度額があって全額が経費に算入されるわけではありません。ところが、**個人事業者は交際費に限度額はない**ので全額、必要経費になります。これは、個人事業者にとっては大きなメリットといえます。ただし、プライベートなものかどうかの区別はきちんとしておくことが大切です。

たとえば、自宅近くの飲食店を利用したとすると、得意先を接待しても、家族との飲食でも、領収書では区別がつきません。飲食をして接待交際費で落とす場合には、接待した相手先をメモしておくようにしましょう。

慶弔費については、領収書がでないので、出金伝票などで日付、相手先を記録しておくようにします。なお、慶弔費用で従業員に関するものは、「**福利厚生費**」で処理します。

また、飲食を伴うものでも、打合せの喫茶代や昼食代程度のものであれば、「**会議費**」として処理します。

接待交際費が多いと、税務署などからムダづかいをしている印象をもたれる可能性があります。限度額がないからといって、むやみに接待交際費で処理してしまうというのも考えものです。

消耗品費

　事業用の文房具、事務用品、梱包・包装材料などのほか、清掃用の洗剤、モップ、ガソリン代も「**消耗品費**」で処理します。

　消耗品は、すぐに消費してなくなってしまうものをいうのですが、**取得価額が10万円未満または使用可能期間が１年未満の資産**については、消耗品費として必要経費にすることができます。机やイスなどの備品や家電製品は数年使えるものですが、購入価額が10万円未満だったら必要経費になります。

　この「10万円未満」の判定は、**１個または１組の価格**で判定します。つまり、机とイスをセットで使う場合には、セットの価格で判定し、バラで使うときはそれぞれの価格で判定します。また、判定する際に消費税額を含めるかどうかについては、税込経理の場合には消費税込みの金額で判定することになります。

新聞図書費

　「新聞図書費」は、その名のとおり新聞代や書籍、雑誌の購入費などが該当します。

　飲食店や理髪店、美容院などのお店に新聞や本をおくための経費であれば100％、必要経費になります。また、自宅と事務所が別になっていて、事務所で新聞をとっている場合は100％、事業上の必要経費と考えて問題ないでしょう。

　では、自宅でとっている新聞は必要経費になるのでしょうか。事業のための情報収集に役立てているとしたら、100％はムリでも、たとえば50％を必要経費に計上することは可能でしょう。業界紙や経済紙などの専門紙であれば100％、必要経費になります。

　書籍や雑誌についても、新聞と同様の取扱いですが、高額の場合には書籍のタイトルをメモしておくようにします。そうすれば、家事上の経費と明確に区別していることを証明することができます。

7-9 減価償却費などを必要経費にするときの注意点

ここがポイント！
- 償却方法には定額法と定率法がある
- 取得価額が10万円未満なら全額、必要経費にできる

減価償却費

　事業に使用する固定資産については、購入したときに取得価額の全額が必要経費になるわけではありません。その資産の「**耐用年数**」に応じて何年かにわたって必要経費として処理していきます。この経費を「**減価償却費**」といいます。

　減価償却の対象となる資産には、有形固定資産と無形固定資産があります。有形固定資産とは、建物、建物附属設備、構築物、機械装置、車両運搬具、工具器具備品などです。無形固定資産には、特許権、商標権、ソフトウェア、水道施設利用権などがあります。

　個人事業者の場合、有形固定資産の減価償却方法は届出をしなければ特殊なものを除いて「**定額法**」と決まっています。届出をすれば「**定率法**」を選択することができます。

●減価償却資産とは●

有形減価償却資産	①建物及びその附属設備 ②構築物 ③機械及び装置 ④船舶　　⑤航空機 ⑥車両運搬具　⑦工具器具備品
無形減価償却資産	⑧鉱業権、漁業権、特許権、実用新案権、 　意匠権、商標権、ソフトウェア　など
生物	⑨次の生物 　●牛、馬、豚、綿羊、やぎ 　●かんきつ樹、りんご樹、ぶどう樹　など 　●茶樹、オリーブ樹、つばき樹　など

● **減価償却費の計算のしかた** ●

定額法

毎年の償却費が均等になるように、次の算式で計算します。

> 取得価額 × その資産の耐用年数に応じた定額法の償却率

定率法

初期に償却額を多く計上し、年々償却費が減っていくように、次の算式で計算します。

> 前年末の未償却残高（初年度は取得価額） × その資産の耐用年数に応じた定率法の償却率

年の中途で購入した場合

年の途中で購入した資産の減価償却費の計算は、取得した月から12月までの月数で按分して計算します。つまり、2月に取得したとすると、通常の方法で計算した減価償却費に12分の11を乗じることになります。

小数点以下の端数処理

減価償却費の計算をすると必ずといっていいほど、小数点以下の端数が出てきます。この端数の処理については、途中の段階ではそのままで計算し、最終的な償却額で小数点以下を切り捨てます。

　定額法と定率法の違いは、簡単にいうと、定額法は毎年均等に償却するのに対して、定率法は最初に償却額が大きくてだんだん減っていくというものです。

　届出の単位は資産の種類ごとに、2以上の事業所があるときは事業所ごとに選択できます。ただし、建物の償却方法は、平成10年4月1日以降に取得したものは定額法しか認められていないので注意が必要です。

無形固定資産の償却方法は、法定の耐用年数に応じた均等償却です。

ところで、固定資産でも取得価額が10万円未満または使用可能期間が1年未満のものは全額、購入したときの必要経費にすることができます（消耗品費で処理します）。また、固定資産でも取得価額が10万円以上20万円未満のものについては、一括償却資産として取得価額の合計額の3分の1ずつを3年間で償却します。

貸倒損失（かしだおれそんしつ）

事業に関する売掛金、貸付金、前渡金などの債権が回収できなくなったときは、「**貸倒損失**」として必要経費に計上することができます。

個人事業者の場合、貸付金は個人的に貸したものか、事業に関連して貸したものかがまず問題になります。貸付をした相手先について十分に説明できるようにしておきましょう。

また、貸倒れの要件に該当しているかどうかを確認します。貸倒損失とするには、以下の3つの要件のどれかに該当している必要があります。

①法律上の貸倒れ…会社更生法や民事再生法などによる認可の決定による切捨て
②事実上の貸倒れ…債務者の資産状況からみて全額回収できないことが明らか
③形式上の貸倒れ…取引停止後1年以上経過等（売掛債権にかぎる）

固定資産除却損（こていしさんじょきゃくそん）

事業用の固定資産を廃棄処分したときは、事業所得の必要経費として「**固定資産除却損**」を計上することができます。除却する固定資産の帳簿価額が損失額となります。

7-10 個人事業者に特有の科目を計上するときの注意点

ここがポイント！
- 元入金の金額は資本金と違って毎年変わる
- 事業主貸と事業主借の勘定科目はよく使われる

元入金

「元入金」は個人事業者特有のもので、総資産から総負債を控除した残りをいい、個人事業者の純資産額にあたるものです。

株式会社や有限会社のような法人の場合は、最初に支出した資本金の金額は増・減資しなければ変わりませんが、元入金は毎年変動します。開業後1年間は変わりませんが、翌年の期首には新たな元入金額に変わるのです。元入金の中身は次の算式で求められます。

前期元入金＋青色申告特別控除前所得金額＋事業主借－事業主貸

「青色申告特別控除前所得金額」とは、事業所得の総収入金額から必要経費を控除した金額、つまりその年の事業から得た利益のことです。それに、事業主から借りた金額をプラスし、事業主に貸した金額をマイナスします。必ずしも利益が出たら増えるというものではない、ということです。

事業主貸、事業主借

「事業主貸」と「事業主借」も、個人事業者特有の勘定科目です。個人事業者とは、法人組織にしないで事業を営む人のことをいいますが、「事業主としての個人」と「個人事業」という2つの世界をもっていると考えてください。個人事業の部分には、事業に関係するものだけが入ります。しかし、どうしてもお金のやりとりや個人事業と関係ないものが入り込んだときには、この2つの事業主勘定を使って処理します。

まず「事業主貸」は次のような場合に使います。

① 個人事業の資金から生活費として支出した場合
② 所得税の支払いや住民税の支払いなど事業所得の必要経費にならない個人的な支出をした場合
③ 商品などの事業用資産を自家消費した場合
④ 事業用固定資産を売却して損失が出た場合

一方、「事業主借」は次のような場合に使います。

① 個人事業に事業主が資金を入れた場合（事業主から借金をしたことになります）
② 事業用固定資産を売却して利益が出た場合

事業用固定資産を売却したとき

　所得税法では、固定資産を売却した場合には「譲渡所得」に分類されます。たとえそれが事業用固定資産であっても、事業所得の金額の計算には関係しません。事業用固定資産の売却をした場合の仕訳は、次の2つのパターンになります。

【売却益が出た場合】
　（借）普通預金　300,000　　（貸）車両運搬具　220,000
　　　　　　　　　　　　　　　　　　事業主借　　 80,000

【売却損が出た場合】
　（借）普通預金　100,000　　（貸）車両運搬具　220,000
　　　　事業主貸　120,000

　売却益が出た場合、譲渡所得の計算上50万円の特別控除ができるので、売却益が50万円以下であれば所得税は課税されません。50万円を超えた場合は、超えた部分の金額は他の所得と合算されて、所得税が課税されます。
　なお、売却損が出た場合には、他の所得から差し引くことができます。

8章

決算のやり方と決算書のつくり方

決算を行なうことによって利益の額もわかるし、事業の状況も把握できます。年1回行なう経理事務の集大成をまちがいなく完ぺきにこなしましょう。

8-1 決算の流れを知っておこう

ここがポイント！
- なぜ決算を行なうのか理解しておく
- 決算は日々の取引を記録した帳簿を締めるところから始まる

税務申告と事業状況の把握が目的

　個人事業者は12月31日を経過したら決算作業に入りますが、その前に、そもそも決算とは何か、をあらためて確認しておきましょう。

　当たり前のことですが、事業は延々と継続して行なっていくものです。「**決算**」はその継続している流れを12月31日で意識的に止めて、「1年間の利益がどうなっているのか」「財産の状態はどうなっているのか」を正確に算出するものです。決算の結果は税務申告にも使われ、また自分の事業の状況を知ることができるという点でも重要かつ重大なものとなっています。

帳簿は1か月ごとに集計する

　決算の流れは、まず**日々の取引を記録した帳簿を一度締める**ところから始まります。ここで12か月めの残高を出します。ただし、1年分を集計するのはたいへんですから、帳簿は現金出納帳、総勘定元帳、簡易帳簿と名称は何であっても、1か月ごとに区切って集計するようにします。決算でまとめて計算するのではなく、実際に1か月単位で「**合計残高試算表**」を作成するのがベストです。

　帳簿の12か月めの残高から「残高試算表」を作成したあとに、「決算整理」を行ないます。棚卸資産の計上や、減価償却費、債権債務、貸倒引当金の計上が代表的なものです。

　試算表に決算整理を織り込んで、「貸借対照表」「損益計算書」を作成します。そして、これらのデータをもとに「青色申告決算書」にそれぞれ記入して、事業所得の金額を計算します。

　ここで、消費税の課税事業者に該当している場合には、青色申告決算書に記入する前に、消費税の額を計算します。

● 決算の流れはこうなっている ●

【複式簿記の場合】
①総勘定元帳の各勘定科目の残高を集計
⬇
②残高試算表を作成
⬇
③決算整理
⬇
④帳簿を締める
⬇
⑤貸借対照表・損益計算書の作成
⬇
⑥青色申告決算書の作成

【簡易簿記の場合】
①現金出納帳、経費帳から1年分の集計表を作成
⬇
②売掛金、買掛金の計上
⬇
③決算整理
⬇
④損益計算書の作成
⬇
⑤青色申告決算書の作成

8章 決算のやり方と決算書のつくり方

● 帳簿の締め方 ●

通 信 費

×年月日		相手科目	借 方	貸 方	残 高	摘 要
			前月繰越		272 300	
12	1	現 金	15 000		287 300	年賀はがき 300枚
12	13	普通預金	19 100		306 400	事務所電話代
12	27	普通預金	7 700		314 100	携帯電話代
12	28	現 金	2 400		316 500	切手 80円×30枚
12	31	事業主貸		2 500	314 000	年賀はがき50枚 自家用に使用
		12月度合計	44 200	2 500		
		累 計	316 500	2 500		

1か月ごとの合計

1月から12月の1年間の合計

8-2 「決算書」のしくみはどうなっているか

ここがポイント！
- 一般には貸借対照表と損益計算書を決算書という
- 個人事業者の場合は青色申告決算書を指す

青色申告決算書は4ページで構成されている

　一般的に「決算書」というと、**貸借対照表**と**損益計算書**のことを指します。個人事業者の場合、青色申告を選択すると確定申告書に「青色申告決算書」を添付して提出するので、個人の青色申告者が決算書というときは、この**青色申告決算書**のことを指していると思ってください。

　この青色申告決算書は、Ａ４判の横型４ページでできています。このなかで一番重要なのは、１ページの損益計算書、次に４ページの貸借対照表です。２ページ、３ページは損益計算書の内訳書になっています。

　損益計算書と貸借対照表の関係は、正しく記載していれば「青色申告特別控除前の所得金額」が一致するしくみになっています。いずれにしても、１年間、帳簿をきちんとつけていれば、そのデータを使って作成することができます。

　65万円の青色申告特別控除を受けるためには、貸借対照表と損益計算書は絶対に必要です。そのほかの記入は、もちろん該当する場合のみ記入すればよいことになっています。

白色申告の場合は「収支内訳書」を作成する

　青色申告を選択しない場合は「白色申告者」となり、確定申告書には青色申告決算書のかわりに**収支内訳書**（一般用）を添付します。

　収支内訳書は２ページ構成で、貸借対照表は不要です。具体的には、１ページめは、①損益計算書、②給料賃金の内訳、③税理士・弁護士等の報酬・料金等の内訳、④事業専従者の氏名等、２ページめは、①売上（収入）金額の明細、②仕入金額の明細、③減価償却費の計算、④地代家賃の内訳、⑤利子割引料の内訳（金融機関を除く）、⑥本年中における特殊事情となっています。

● 「青色申告決算書」のしくみと記載項目 ●

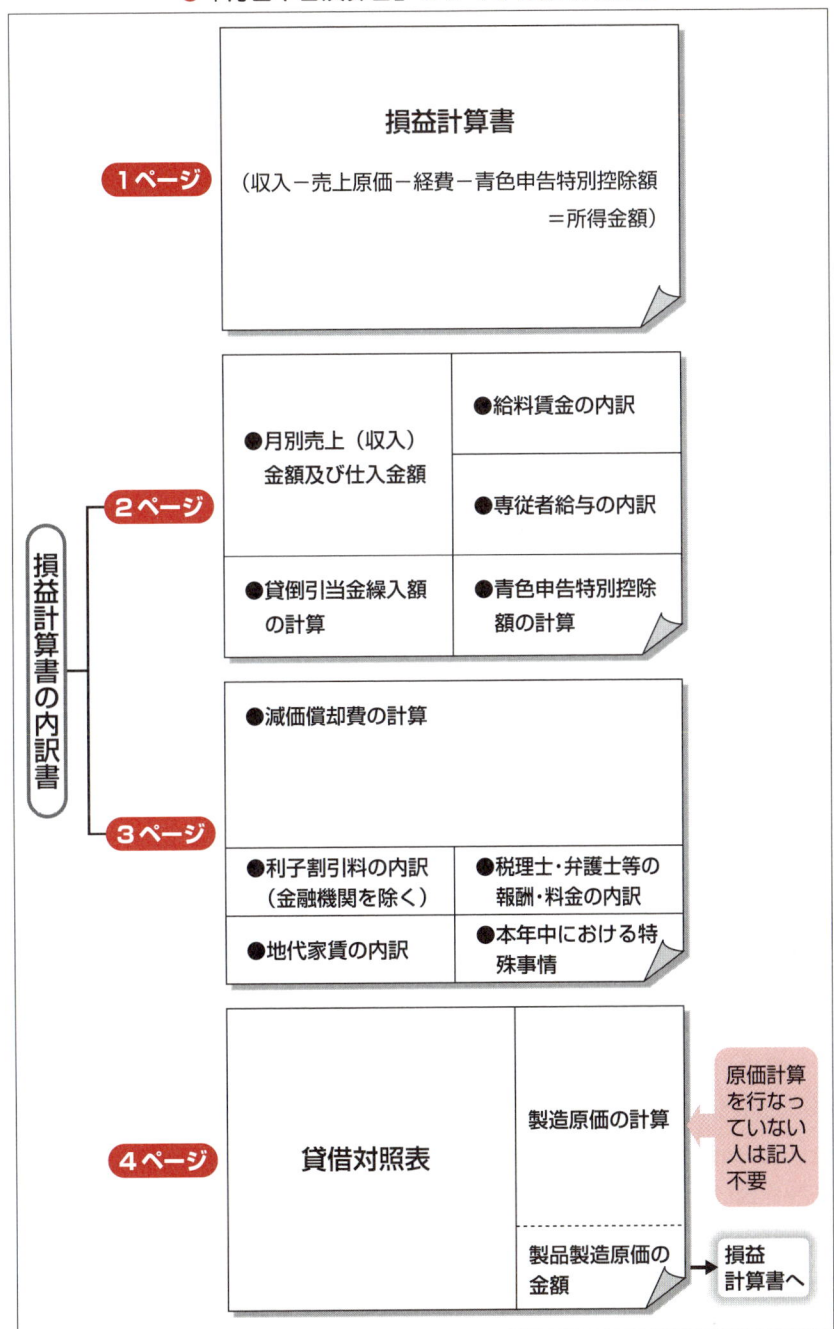

1ページ

損益計算書

（収入－売上原価－経費－青色申告特別控除額
＝所得金額）

損益計算書の内訳書

2ページ

- ●月別売上（収入）金額及び仕入金額
- ●給料賃金の内訳
- ●専従者給与の内訳
- ●貸倒引当金繰入額の計算
- ●青色申告特別控除額の計算

3ページ

- ●減価償却費の計算
- ●利子割引料の内訳（金融機関を除く）
- ●税理士・弁護士等の報酬・料金の内訳
- ●地代家賃の内訳
- ●本年中における特殊事情

4ページ

貸借対照表

製造原価の計算

製品製造原価の金額 → 損益計算書へ

原価計算を行なっていない人は記入不要

8章 決算のやり方と決算書のつくり方

8-3 減価償却の意味と計算のしかた

ここがポイント！
- 青色申告決算書の3ページを使って計算する
- 平成22年3月末までは取得価額30万円未満なら一括経費に

届出をしないときは定額法で償却する

「減価償却」とは、資産を購入したときに即、費用にはしないで、何年かにわたって費用にしていくことをいいます。したがって、お金を支出したときと費用になるときとでは金額は一致しません。購入時は資産に計上し、決算の段階で減価償却費を計算して計上していきます。青色申告決算書3ページの「**減価償却費の計算**」の表を使って計算すると便利です。

減価償却の方法には「定額法」と「定率法」の2通りがあり、定額法は毎年均等に償却する方法で、定率法は最初に多く償却する方法です。減価償却費の総額は同じですが、節税という点では、早く償却できる定率法のほうが有利です。

個人事業者の場合は、届出をしなければ自動的に定額法と決まっているので、定率法を選択する場合には、資産を購入した年分の確定申告書の提出期限までに選択届出書（168ページ参照）を提出しなければなりません。

実際に減価償却費を計算してみよう

減価償却の対象となる資産は、1個または1組の価額が20万円以上のものが原則です。ただし、中小企業者である個人事業者で青色申告書を提出している場合には、平成18年4月1日から平成22年3月31日までの間に事業用資産を購入したときは、取得価額が30万円未満の「少額減価償却資産」については、取得価額を全額（年間300万円を限度）、必要経費に

することができます。この措置は平成22年3月31日までの期限付きですが、それまでは、取得価額が30万円以上のものを買ったら資産に計上して減価償却費の計算をし、30万円未満だったら全額、必要経費にすることができるわけです。

それでは、具体的に減価償却費の計算をしてみましょう。

【例1】店舗内装工事250万円
①耐用年数10年（償却率は0.1）
②償却方法は定額法
③取得日は本年4月10日。したがって、今年の償却期間は9か月
④100％事業用

● 「青色申告決算書」の3ページの書き方 ●

面額	償却の基礎になる金額	償却方法	耐用年数	償却率	本年中の償却期間	本年分の普通償却費 (ⓗ×ⓘ×ⓙ)	割増（特別）償却費	本年分の償却費合計 (ⓚ+ⓛ)	事業専用割合	本年分の必要経費算入額 (ⓜ×ⓝ)	未償却残高 (期末残高)	摘要
000	2,500,000	定額	10年	0.1	9/12 か月	187,500円	—	187,500	100	187,500	2,312,500	
000	1,000,000	定率	5	0.5	9/12	375,000	—	375,000	90	337,500	625,000	
					12							
					12							
					12							
					12							
					12							
					12							
										525,000		

損益計算書（1ページ）
「減価償却費⑱」の欄に転記

期末現在の借入金等の金額	本年中の利子割引料	左のうち必要経費算入額
円	円	円

○税理士・弁護士等の報酬・料金の内訳

支払先の住所・氏名	本年中の報酬	左のうち必要経費算入額	源泉徴収税額
	円	円	円

◎本年中における特殊事情

賃借物件	本年中の賃借料・権利金等	左の賃借料のうち必要経費算入額
店舗	権更賃 ＠200,000×12	2,400,000
	権更賃	

●「減価償却資産の償却方法の届出書」の書き方●

税務署受付印　　　　　　　　　　　　　　　　　　　　　　　　　　1 1 6 0

所得税の 〜たな卸資産の評価方法〜（減価償却資産の償却方法）の届出書

__豊島__ 税務署長殿

平成 2X 年 3 月 15 日提出

納税地	住所地・居所地・事業所等（該当するものを○で囲んでください。） 豊島区駒込 8-1　　（TEL 03-5940-0000）
上記以外の住所地・事業所	納税地以外に住所地・事業所等がある場合は書いてください。 豊島区駒込 8-10　　（TEL 03-5945-0000）
フリガナ 氏　名	アオヤマ　カズオ 青山　一夫 ㊞	生年月日	大正・昭和・平成 42 年 5 月 30 日生
職　業	雑貨小売	フリガナ 屋　号	アイショップ

たな卸資産の評価方法
減価償却資産の償却方法　については、次によることとしたので届けます。

1　たな卸資産の評価方法

事業の種類	たな卸資産の区分	評価方法

2　減価償却資産の償却方法

減価償却資産の種類 設備の種類	構造又は用途、細目	償却方法
車両運搬具	バン	定率法

3　その他参考事項

(1)　上記2で「減価償却資産の種類・設備の種類」欄が「建物」の場合

　　建物の取得年月日　昭和・平成___年___月___日（相続による取得の場合は、相続の日）

(2)　その他

関与税理士 （TEL　　　）	税務署整理欄	整理番号	関係部門連絡	A	B	C	D	E
		0						

計算式は次のようになります。

2,500,000円×0.100× 9 ／12＝187,500円

定額法の場合は、取得価額に償却率をかけて計算します。2年め、3年めも同じです。

> 【例2】取得価額100万円のバンタイプの車両運搬具
> ①耐用年数は「貨物自動車」の「その他」で5年（償却率は0.5）
> ②償却方法は定率法
> ③取得日は4月5日（納車使用開始）。したがって、償却期間は9か月
> ④90％事業用に使用

計算式は次のようになります。

1,000,000円×0.5× 9 ／12＝375,000円

事業専用割合は90％なので、必要経費となるのは337,500円（375,000円×90％）です。

定率法の場合は、購入した初年度は、取得価額に償却率をかけて計算し、2年め以降は、前年の償却残高（取得価額－減価償却額）に償却率をかけて計算します。

備忘価額まで減価償却できる

平成19年度の税制改正により、平成19年4月以後に取得するすべての減価償却資産については、耐用年数に達したときに備忘価額（1円）まで償却できることになりました。

なお、平成19年3月以前に取得した減価償却資産については、従来どおり、償却可能限度額（取得価額の95％）まで償却して、その翌年から5年間で均等償却し、最後に備忘価額1円を残します。

個人事業者の所得税の場合、赤字でも減価償却は必ず行なわなければならない（これを「**強制償却**」といいます）ことになっているので注意が必要です。

8-4 棚卸しのやり方と売上原価の計算のしかた

ここがポイント!
- ●売上原価を求めるためには棚卸しが必要
- ●仕入と売上原価は一致しないのが一般的

棚卸表を作成して実地棚卸しを行なう

　商品や材料を他の業者から仕入れて販売したり、その材料を使って製造をしたり加工をする事業では、商品や材料の「**棚卸し**」をしないと、正しい利益を計算することはできません。

　いつも同じくらいの量が棚卸しとして残っていると、必要性を感じないかもしれませんが、現実にはまったく同じということはないはずです。「今年はたくさん仕入れたから原価がかかっている」というと、なるほどとうなずいてしまいそうですが、果たしてそのとおりでしょうか。結論からいうと、「**仕入と売上原価は一致しない**」と考えてください。もちろん、受注発注で在庫がないケースなら、仕入と売上原価は一致します。

　具体的な商品の棚卸しのやり方は、まず「**棚卸表**」を作成して、品名・数量・単価を入れて計算します。実際に商品を数えるときは、陳列棚をA、B、C…というように区分けして数えるなど、モレや間違いを

●仕入と売上原価のちがい●

期首商品棚卸高 60,000	売上原価 540,000
当期仕入高 600,000	
	期末商品棚卸高 120,000

【仕訳】

| (借) | 期首商品棚卸高 | 60,000 | (貸) | 商　　品 | 60,000 |
| | 商　　品 | 120,000 | | 期末商品棚卸高 | 120,000 |

● 「棚卸表」のモデル例 ●

棚卸表

平成△年12月31日 実地棚卸

商品名	数　量	単　価	金　額	備　考
A商品	200	600	120,000	
B商品	500	200	100,000	
C商品	150	400	60,000	
︙	︙	︙	︙	

※この棚卸表を作成する前段階で数量だけの表で数の集計をします。

防ぐ準備をしてから「**実地棚卸し**」を行ないます。
　また、棚卸しの評価をする単価は、個人事業者の場合は特に選択をしなければ「最終仕入原価法」により計算します。棚卸しをするなかで、破損品や棚ざらし品があったときは処分可能価格で評価します。

売上原価の計算のしかた

　ある商品Aを例にして売上原価の計算をしてみましょう。
　年の初めにA商品が100個あったとします。1個600円で仕入れているので「期首商品棚卸高」は6万円です。今年は1,000個の仕入れをし、仕入金額は60万円です。期末に売れ残っているA商品を数えたら200個ありました。金額にして12万円になります。さて、このA商品の売上原価は、いったいいくらでしょうか。
　商品が全部売れたとしたら、期首商品棚卸高と当期仕入高の合計額、つまり期首商品6万円と当期仕入金額60万円の合計66万円が売上原価になります。しかし、期末に200個残っているので、この200個分の12万円は売上原価にはなりません。そこで、66万円から12万円を差し引いた54万円が売上原価になります。これを算式にすると、次のようになります。

> 売上原価＝期首商品棚卸高＋当期商品仕入高－期末商品棚卸高

8-5 簡易帳簿で決算を行なう場合の「集計表」のつくり方

ここがポイント!
- 簡易帳簿による場合は集計表を作成する
- 月ごとに集計してから1年分の合計額を出す

減価償却費や棚卸しは青色申告決算書で計上する

複式簿記による正規の帳簿方式ではなく、簡易帳簿のコースを選択する人もいるでしょう。そこで、簡易帳簿を選択した場合に決算作業で必要となる「**集計表**」を作成してみましょう。

簡易帳簿による場合の帳簿は、「現金出納帳」「売掛帳」「買掛帳」「経費帳」「固定資産台帳」の5つが標準装備でしたね。必要なら「預金出納帳」もつけますが、仮に、現金出納帳と預金出納帳、経費帳の3つの帳簿を中心に作成していたと

	売　上	仕　入	租税公課
1月	1,970,000	23,000	
2月	1,330,000	66,000	
3月	1,701,000	30,000	
4月	1,350,000	61,000	
5月	798,000	99,000	50,000
6月	2,323,000	44,000	
7月	2,717,000	130,000	
8月	1,719,000	103,000	
9月	1,806,000	325,000	
10月	3,115,000	85,000	
11月	2,045,000	219,000	
12月	3,320,000	156,000	
合　計	24,194,000	1,341,000	50,000
決算整理	前年売掛分 △500,000　当年売掛分 ＋200,000	前年買掛分 △23,000　当年買掛分 ＋100,000	
整理後	23,894,000	1,418,000	

> 期中現金主義の場合は、前年に計上した売掛け、買掛けはマイナスし、本年末の売掛け、買掛けはプラスします

しましょう。売上は現金で入金したときに計上し、仕入は現金で支払ったときに帳簿に記録しています。いわゆる、期中現金主義で経理処理を行ない、売掛けや買掛けについては決算整理の欄で調整をすることにしています。

集計表は、まず月ごとに売上高、仕入高、必要経費の金額を記入し、1年分を集計します。そして、この集計表の各勘定科目の1年分の合計額を青色申告決算書の損益計算書に転記します。その際、集計表では表現できない減価償却費や商品の棚卸しについては、青色申告決算書を作成するなかで計上していきます。

● 「集計表」のモデル例 ●

水道光熱費	通 信 費	広告宣伝費	接待交際費	消耗品費	地代家賃	外注工賃
31,000	39,000		75,000	17,000	320,000	50,000
29,000	40,100	98,000	4,000	20,000	320,000	39,000
31,000	32,800			15,000	320,000	37,700
25,000	39,000		23,000	16,000	320,000	96,000
27,000	40,000			5,000	320,000	53,000
19,000	38,000			2,500	320,000	90,000
29,000	37,000	100,000		7,000	320,000	40,000
30,000	39,000		59,000	1,000	320,000	100,000
34,000	40,000	90,000		15,000	320,000	50,000
26,000	37,000			10,000	320,000	70,000
26,000	39,000			10,000	320,000	60,000
19,000	45,000	100,000	10,000	10,000	320,000	50,000
326,000	465,900	388,000	171,000	128,500	3,840,000	735,700

8-6 「残高試算表」のつくり方と記入のしかた

ここがポイント!
- 集計計算のチェックのために残高試算表は必要
- 借方・貸方それぞれの合計額は一致する

残高試算表は毎月作成するとよい

「残高試算表」は、総勘定元帳の記入が正しくされているか、集計等の計算に間違いがないかをチェックするために作成します。

総勘定元帳は月単位で帳簿を締めて、借方、貸方の合計額を計算して、帳簿の残高を記入しておきます。**試算表は毎月作成するのがベター**です。金額が合わないときでも、1か月ごとに作成していれば、その合わなかった月分の総勘定元帳の残高を適正に転記しているかなどのチェックだけですむからです。

資産、費用は「借方」に、負債、資本、収益は「貸方」に記入

残高試算表は、総勘定元帳の現金残高の転記から始めます。「**資産→負債→資本→収益→費用**」の順番に、各勘定科目の残高を転記していきます。この場合に、資産と費用は借方に記入し、負債、資本および収益は貸方に記入します。

勘定科目のすべての残高を転記して、借方と貸方をそれぞれ合計すると、**借方と貸方の合計額が一致**します。このことによって、総勘定元帳の計算が正しく行なわれており、試算表への転記も適正に行なわれていることが確認できたことになります。

この合計残高試算表を、貸借対照表の科目と損益計算書の科目に区分すると、それぞれ差額が生じます。貸借対照表のほうは通常、資産から負債と元入金を差し引いた金額が利益となります。損益計算書のほうでは、売上から仕入以下の費用を差し引いた金額が利益となり、この貸借対照表と損益計算書の利益がバランスするしくみとなっていることは前に述べました。試算表は毎月作成して経営に役立つ情報として活かしてもらいたいものです。

● 「残高試算表」のモデル例 ●

科目	借方	貸方	
現　　金	189,500		
普通預金	2,101,300		
売掛金	1,000,000		
棚卸資産	1,200,000		
建物附属設備	2,500,000		
車両運搬具	1,000,000		
敷　　金	400,000		
事業主貸	3,600,000		
買掛金		1,900,000	
借入金		1,100,000	
貸倒引当金			
事業主借		786,350	
元入金		3,706,950	
仮　計 (*1)	11,990,800	7,493,300	
利　益		4,497,500	
売　上		29,800,000	※棚卸前
期首棚卸			
仕　入	17,040,000		
期末棚卸			
租税公課	50,000		
水道光熱費	325,500		
旅費交通費	12,000		
通信費	390,000		
広告宣伝費	381,000		
接待交際費	150,000		
損害保険料	12,000		
減価償却費			※減価償却費計上前
給料賃金	2,000,000		
利子割引料	22,000		
地代家賃	2,400,000		
雑　費	120,000		
専従者給与	2,400,000		
貸倒引当金繰入			貸倒引当金繰入前
仮　計 (*2)	25,302,500	29,800,000	
利　益	4,497,500		
合　計	37,293,300	37,293,300	

資産 / 負債 / 資本 / 収益 / 費用

貸借対照表へ / 損益計算書へ

仮計の*1＋*2

借方合計 ＝ 貸方合計 一致

8-7 「青色申告決算書」のしくみと作成のしかた

ここがポイント!
- 青色申告決算書は4ページ構成になっている
- 1ページは損益計算書、4ページは貸借対照表

2ページの損益計算書の内訳から作成する

いよいよ「青色申告決算書」の作成に入ります。前にも述べたように、青色申告決算書は4ページからなっています。どこから書き始めてもよいのですが、「2ページ→3ページ→1ページ→4ページ」の順番で作成

●「青色申告決算書」の2ページの書き方●

氏名　青山　一夫（フリガナ　アオヤマ　カズオ）

○月別売上(収入)金額及び仕入金額

月	売上(収入)金額	仕入金額
1	2,490,000	1,300,000
2	2,101,000	1,400,000
3	2,300,000	1,420,000
4	2,560,000	1,470,000
5	2,408,000	1,440,000
6	2,350,000	1,490,000
7	2,420,000	1,420,000
8	2,310,000	1,410,000
9	2,240,000	1,430,000
10	2,690,000	1,470,000
11	3,221,000	1,490,000
12	2,710,000	1,300,000
家事消費等		
雑収入		
計	29,800,000	17,040,000

○給料賃金の内訳

氏名	年齢	従事月数	給料賃金	賞与
林　正子	41歳	12月	1,800,000円	200,000円
その他(人分)				
計	延べ従事月数	1　2		

○専従者給与の内訳

氏名	続柄	年齢	従事月数	給料	賞与
青山　良子		35歳	12月	2,400,000	円
計			延べ従事月数 1　2		

○貸倒引当金繰入額の計算 (この計算に当たっては、「決算の手引き」の「貸倒引当金」の項を読んでください。)

	金額
個別評価による本年分繰入額 (個別評価による貸倒引当金に関する明細書の③欄の金額を書いてください。) ①	円
一括評価による本年分繰入額　年末における一括評価による貸倒金の繰入れの対象となる貸金の合計額 ②	1,000,000
本年分繰入限度額 (②×5.5%(金融業は3.3%)) ③	55,000
本年分繰入額 ④	55,000
本年分の貸倒引当金繰入額 (①＋④) ⑤	55,000

○青色申告特別控除額の計算 (この計算に当たっては、「決算の手引き」

本年分の不動産所得の金額(青色申告特別控除額を差し引き
青色申告特別控除前の所得金額(1ページの「損益計算書」の⑱の金額を書き
65万円の青色申告特別控除を受ける場合　65万円と⑥のいずれか少ない方の金額　不動産所得から青色申告特別控除額
青色申告特別控除額　(65万円－いずれか少ない
上記以外の場合　10万円と⑥のいずれか少ない方の金額　不動産所得から青色申告特別控除額
青色申告特別控除額　(10万円－いずれか少ない

(注) 貸倒引当金、専従者給与や3ページの割増(特別)償却以外の特典を利用する人は、適宜の用紙にその明細を記載して、この決算書に添付してください。

－ 2 －

していくことにしましょう。

まずは、損益計算書の内訳を作成し、それから損益計算書と貸借対照表を作成します。製造原価報告書を作成する場合は、順番は損益計算書（1ページ）の前に入ります。

2ページの「月別売上（収入）金額及び仕入金額」には、総勘定元帳の売上高と仕入高のそれぞれ月ごとの合計金額を転記します。

「貸倒引当金繰入額の計算」は、回収ができない、あるいは遅れている売掛金や貸付金がないかどうかを検討し、なければ一括評価による繰入額を計算します。

「給料賃金の内訳」と「専従者給与の内訳」は、源泉徴収簿からそれぞ

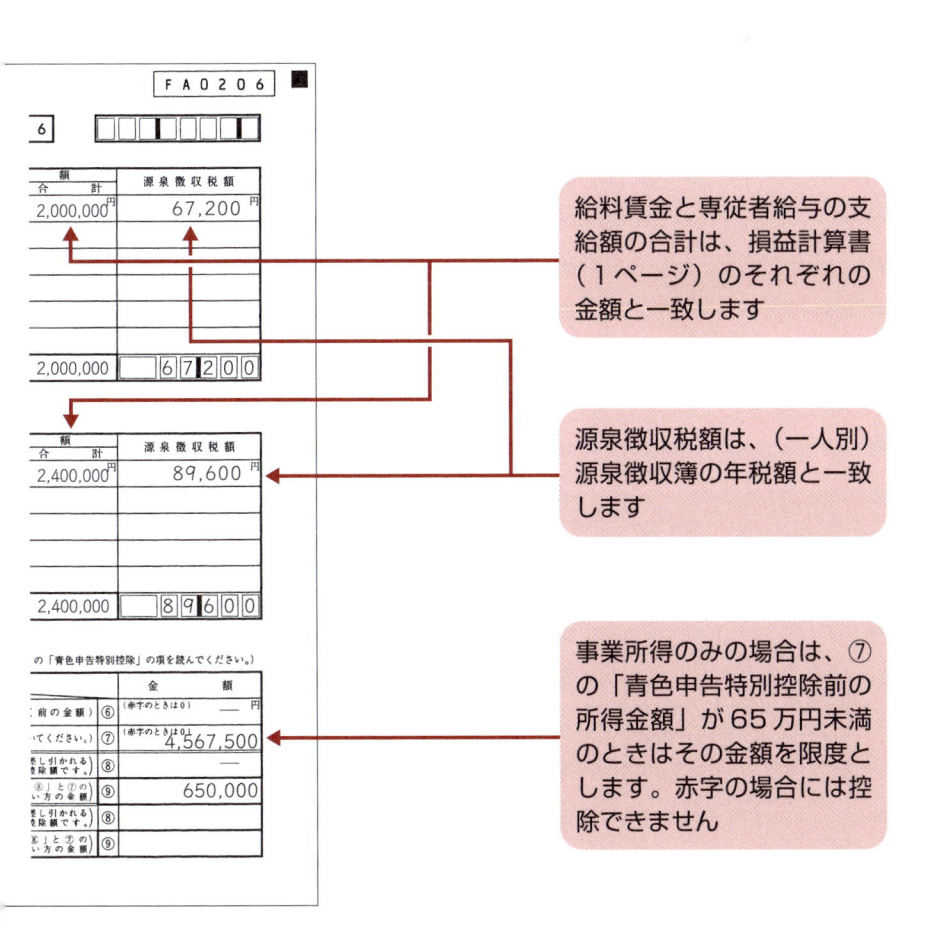

給料賃金と専従者給与の支給額の合計は、損益計算書（1ページ）のそれぞれの金額と一致します

源泉徴収税額は、（一人別）源泉徴収簿の年税額と一致します

事業所得のみの場合は、⑦の「青色申告特別控除前の所得金額」が65万円未満のときはその金額を限度とします。赤字の場合には控除できません

れ転記し、総勘定元帳の給与や専従者給与の金額と合っているかどうかチェックします。

「青色申告特別控除額の計算」は、損益計算書を作成してからでないと記入できないのでとりあえず飛ばします。

3ページで減価償却費等の計算を行なう

次に、3ページの作成に移りますが、「減価償却費の計算」は、166、167ページで計算したとおりです。「本年分の必要経費算入額」が損益計算書の「減価償却費」の金額となります。未償却残高は、それぞれ貸借対照表の「建物附属設備」「車両運搬具」の金額と一致します。

●「青色申告決算書」の1ページの書き方●

科目	金額(円)	科目	金額(円)
売上(収入)金額(雑収入を含む) ①	29,800,000	消耗品費 ⑰	
期首商品(製品)棚卸高 ②	1,200,000	減価償却費 ⑱	525,000
仕入金額(製品製造原価) ③	17,040,000	福利厚生費 ⑲	
小 計(②+③) ④	18,240,000	給料賃金 ⑳	2,000,000
期末商品(製品)棚卸高 ⑤	1,850,000	外注工賃 ㉑	
差引原価(④-⑤) ⑥	16,390,000	利子割引料 ㉒	22,000
差引金額(①-⑥) ⑦	13,410,000	地代家賃 ㉓	2,400,000
租税公課 ⑧	50,000	貸倒金 ㉔	
荷造運賃 ⑨		㉕	
水道光熱費 ⑩	325,500	㉖	
旅費交通費 ⑪	120,000	㉗	
通信費 ⑫	390,000	㉘	
広告宣伝費 ⑬	381,000	㉙	
接待交際費 ⑭	150,000	雑費 ㉛	120,000
損害保険料 ⑮	120,000	計 ㉜	6,387,500
修繕費 ⑯		差引金額(⑦-㉜) ㉝	7,022,500

(住所: 豊島区駒込8-1、事業所所在地: 豊島区駒込8-10、氏名: 青山 一夫、屋号: アイショップ、業種名: 雑貨小売、電話番号: (自宅)03-5940-0000 (事業所)03-5945-0000)

平成2X年12月31日 損益計算書 (自1月1日 至12月31日)

「利子割引料の内訳」は、このケースでは金融機関以外から借入れをしていないので該当なしです。

「地代家賃の内訳」は、店舗を借りているので支払先の住所と氏名を記入し、支払った賃料も記入し、100％事業用なので必要経費に全額入れます。

「税理士・弁護士等の報酬・料金の内訳」は、これらに依頼していないので該当なしです。

1ページで青色申告特別控除前の所得金額を求める

次に、1ページ「損益計算書」にもどって、残高試算表から損益に関

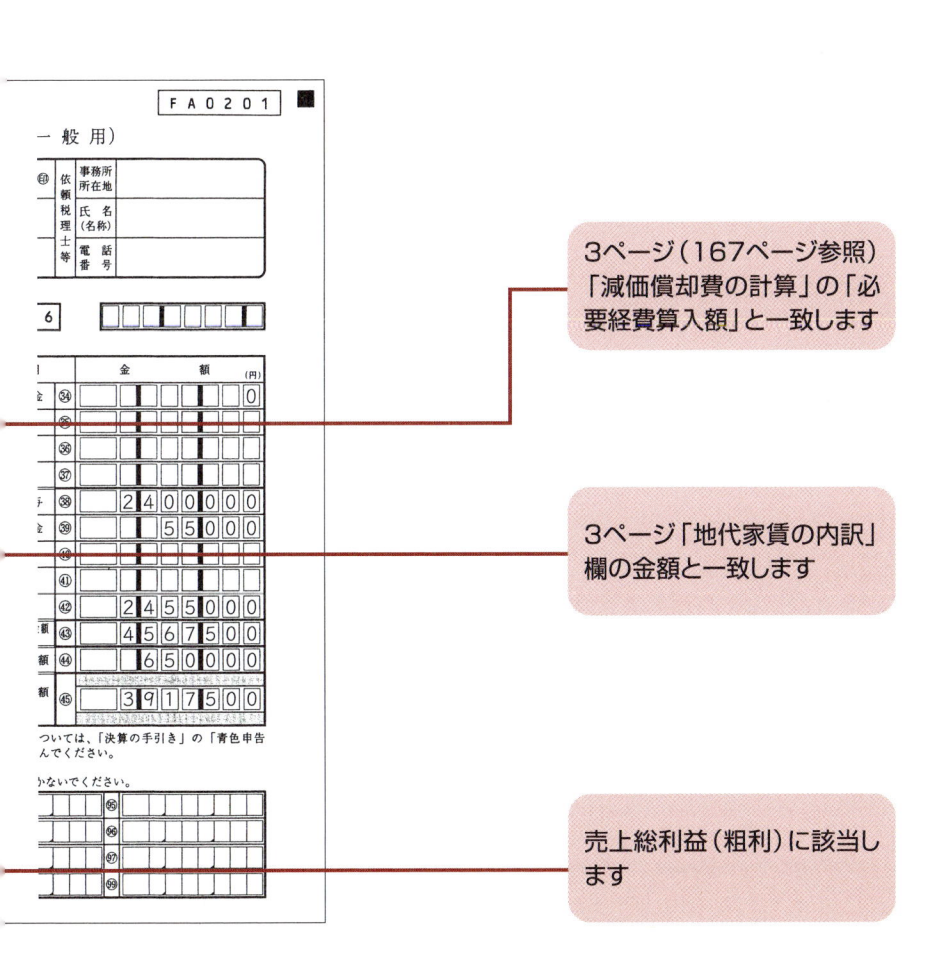

3ページ（167ページ参照）「減価償却費の計算」の「必要経費算入額」と一致します

3ページ「地代家賃の内訳」欄の金額と一致します

売上総利益（粗利）に該当します

係する残高を転記します。

　売上高（①欄）と仕入高（③欄）は、1年間の内訳合計と一致しているかどうかチェックします。

　貸倒引当金の繰戻額（㉞欄）は、前年の繰入額を記入します。前年に繰入れがなかったので記入例では0円となっています。

　貸倒引当金の繰入額（㊴欄）と減価償却費（⑱欄）は、2ページ、3ページの内訳欄で計算した金額を転記します。

　青色申告特別控除前の所得金額（㊸欄）が出たら、2ページの飛ばしたところにもどり「青色申告特別控除前の所得金額」（⑦）欄に記入します。このケースでは、不動産所得がなく、所得金額は65万円を超えてい

● 「青色申告決算書」の4ページの書き方 ●

貸借対照表　（資産負債調）　（平成×年12月31日現在）

資産の部			負債・資本の部		
科目	1月1日（期首）	12月31日（期末）	科目	1月1日（期首）	12月31日（期末）
現金	150,000 円	189,500 円	支払手形	円	円
当座預金			買掛金	2,300,000	1,900,000
定期預金			借入金	1,700,000	1,100,000
その他の預金	5,956,950	2,101,300	未払金		
受取手形			前受金		
売掛金	0	1,000,000	預り金		
有価証券					
棚卸資産	1,200,000	1,850,000			
前払金					
貸付金					
建物					
建物附属設備	0	2,312,500			
機械装置					
車両運搬具	0	625,000	貸倒引当金		55,000
工具器具備品					
土地					
敷金	400,000	400,000			
			事業主借		786,350
			元入金	3,706,950	3,706,950
事業主貸		3,637,500	青色申告特別控除前の所得金額		4,567,500
合計	7,706,950	12,115,800	合計	7,706,950	12,115,800

（注）「元入金」は、「期首の資産の総額」から「期首の負債の総額」を差し引いて計算します。

65万円の青色申告特別控除を受ける人は必ず記入してください。それ以外の人でも分かる箇所はできるだけ記入してください。

るので、65万円まるまる控除することができます。

4ページの元入金の計算のしかた

最後に4ページの「貸借対照表」に移ります。

まず、総勘定元帳の貸借対照表に関連する勘定科目の残高を転記します。1月1日現在（期首）の残高は、前年の申告書の12月31日現在（期末）の残高を書き写します。ただし、期首の元入金は、「期首の資産の総額」から「期首の負債の総額」を差し引いて計算します。期首の残高を書き写すとき、「事業主貸」「事業主借」は記入せずに、結果的に元入金に集約されます。

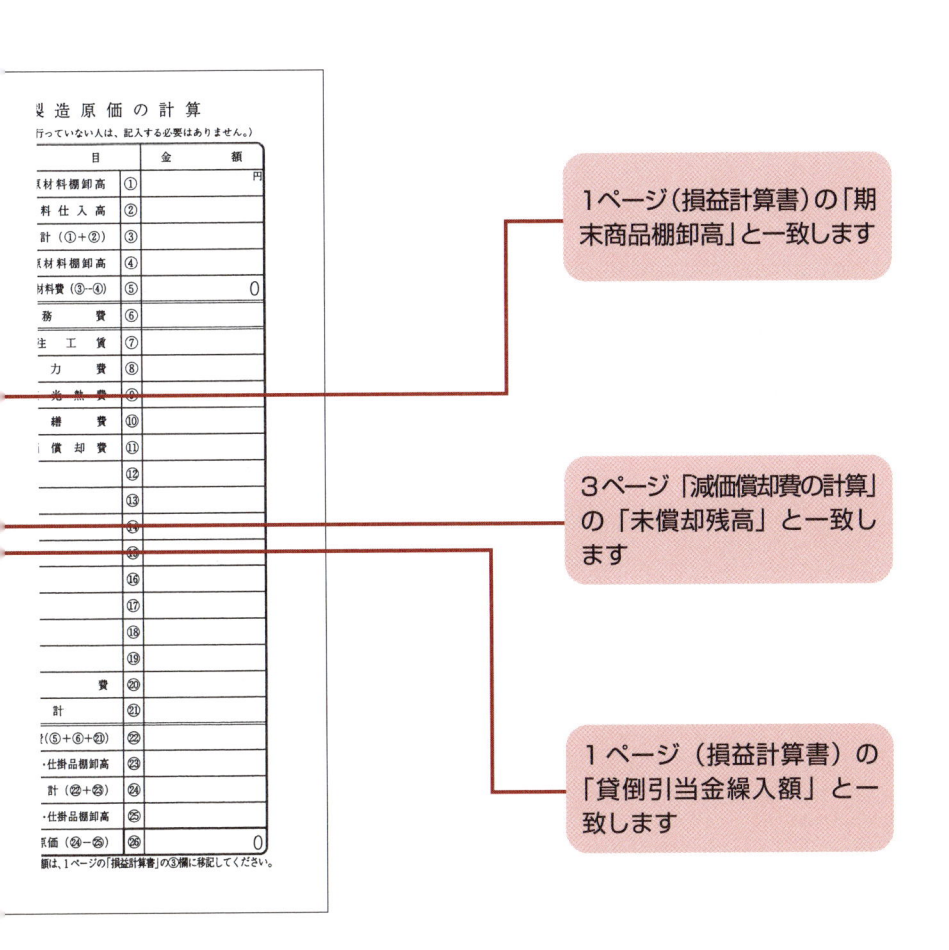

> 1ページ（損益計算書）の「期末商品棚卸高」と一致します

> 3ページ「減価償却費の計算」の「未償却残高」と一致します

> 1ページ（損益計算書）の「貸倒引当金繰入額」と一致します

記入例の元入金が、来年の申告書の期首でいくらになるか計算してみましょう。
① 　翌年期首の総資産＝8,478,300円（現金から敷金までの合計額）
② 　翌期首の総負債＝3,055,000円（買掛金から貸倒引当金までの合計額）
③ 　①－②＝5,423,300円
　これは、次の算式に置き換えることができます。

> **翌期首元入金**
> ＝期末元入金＋事業主借＋青色申告特別控除前の所得金額－事業主貸

　金額をあてはめると次のようになります。
3,706,950円＋786,350円＋4,567,500円－3,637,500円
　＝5,423,300円

9章

税金の計算のしかたと申告・納税のポイント

個人事業には、所得税・住民税はもちろん、ケースによっては事業税・消費税もかかってきます。それら税金の計算や申告・納税でミスがでないように注意しましょう。

9-1 所得税を計算するしくみを知っておこう

ここがポイント！
- 事業所得に赤字が生じたら他の所得と相殺できる
- 所得税の税率は超過累進税率

すべての所得は10種類のどれかに区分する

　所得税は、その年1月1日から12月31日までの1年間に生じた所得金額をもとに計算して求めます。ここではおおまかな所得税の計算のしくみをみていくことにしましょう。

　まず、所得を**10種類**に分けてそれぞれの所得の計算をします。10種類の所得に分けるのは、所得の種類や質によって計算や課税のしかたを工夫しているからです。

　もちろん、1人ですべての所得の種類がある人は、いるはずはありません。人によって、その年の所得の中身をこの10種類の所得にあてはめて計算すると考えてください。

●所得税の計算のしくみ●

各種所得の金額の計算	10種類の所得に区分して、それぞれの所得金額を計算する
↓	
課税標準の計算	「損益通算」および「純損失又は雑損失の繰越控除」を行なう
↓	
課税所得金額の計算	「所得控除」を行なう
↓	
税額計算	「税率」をかけ、「税額控除」を行ない、所得税額を算出する

事業所得だけの人もいれば、不動産所得と事業所得の2種類の所得がある人もいます。それぞれ該当する所得に区分して所得金額を計算した結果、事業所得、不動産所得、譲渡所得、山林所得の計算で、赤字が生じたら他の所得と相殺することができます。このことを「**損益通算**」といいます。

● 10種類の所得とは ●

❶ 利子所得
預貯金や公社債の利子、公社債投資信託の収益の分配などによる所得

❷ 配当所得
法人から受ける株式の配当、投資信託等の収益の分配など

❸ 不動産所得
不動産の貸付けによる地代や家賃などによる所得

❹ 事業所得
製造業や卸売業、小売業、サービス業その他の事業から生ずる所得

❺ 給与所得
給料や俸給、賃金、賞与などによる所得

❻ 退職所得
退職金や一時恩給などの退職によって一時に受け取る所得

❼ 譲渡所得
土地・建物、ゴルフ会員権等の譲渡による所得

❽ 山林所得
山林を伐採して譲渡したり、立木のまま譲渡したことによる所得

❾ 一時所得
懸賞やクイズの賞金、生命保険等の満期保険金などの所得

❿ 雑所得
厚生年金・国民年金などの公的年金、著述業等以外の人の原稿料などによる所得

損益通算後に、総合課税となる長期譲渡所得の金額と一時所得の金額は2分の1をかけて所得金額が軽減されます。そして、このすべての所得を合算した金額を「**合計所得金額**」といい、扶養控除や住宅ローン控除が適用できるかどうかを判定する際の所得金額になります。

　次に、前3年間に生じた赤字分があれば相殺します。このことを「**損失の繰越控除**」といいます。これで、税金をかけるもととなる所得金額の計算が完了します。

所得控除を差し引いた課税所得に税率をかける

　しかし、これですぐに税金を計算するのではなく、これから所得控除（次ページ以下参照）を差し引いて、個人的な事情を考慮して税負担の調整をはかるような、しくみになっています。

　最後に税額を計算します。課税所得金額に税率をかけて、そこから税額控除があれば差し引いて納付すべき税額を算出します。

　なお、所得税の税率は「**超過累進税率**」といって、課税所得金額に応じて5％から40％の6段階になっています。高額所得者に対して税負担が重いと思われているようですが、同じ程度の所得に対しては公平な負担になっています。具体的には、195万円以下の所得金額に対しては誰もが5％の税率、195万円超330万円以下の所得には誰もが10％の税率が適用されます。

●所得税の速算税率表●

課税される所得金額		税　　率	控　除　額
1,000円以上	195万円以下	5.105%	0円
195万円超	330万円以下	10.210%	9万9,547円
330万円超	695万円以下	20.420%	43万6,477円
695万円超	900万円以下	23.483%	64万9,355円
900万円超	1,800万円以下	33.693%	156万8,255円
1,800万円超		40.840%	285万4,715円

※課税所得金額の1,000円未満は切捨てです。
※平成25年1月1日から所得税に対して2.1％上乗せとなる「復興特別所得税」が付加されています。

9-2 「所得控除」と「税額控除」の中身を理解しておこう

ここがポイント！
- 適用要件を満たす所得控除は忘れずに申告する
- 税額控除が受けられないかチェックしておく

所得控除の内容と活用ポイント

　10種類の各種所得の計算をして、それから損益通算、損失の繰越控除を行なって「課税標準」を計算します。「所得控除」は、この課税標準から差し引くことができるもので、この分は税金がかからないことになります。

　所得控除は全部で14種類あります。もちろん、それぞれに適用要件があるので、すべて該当することは考えられませんが、適用できるものはモレなく控除することがポイントです。それぞれの所得控除は、生活費には課税しないという考え方、個人的な事情を考慮したもの、担税力（税金を支払う力）や社会政策上の要請などからつくられています。

　14種類の所得控除についてその活用ポイントをみていきましょう。

①雑損控除

　災害、盗難、横領によって資産に損害を受けた場合に受けられます。災害に関連して被害を受けた住宅や家財などの取壊し費用、除去費用、原状回復費用などの支出も含まれます。ただし、1個または1組の価額が30万円超の貴金属、書画、骨とうや生活に通常必要でない資産は対象外です。

②医療費控除

　本人または本人と生計を一にする配偶者やその他の親族のために医療費がかかったときに控除できます。1年間に実際に支払った医療費が対象です。領収書をとっておくように心がけてください。やむを得ず領収書がないときは、日付と支払先名、支払金額を記録しておきます。通院のための交通費も対象となるので、電車やバス、タクシーを使ったときは領収書やメモを残します。ただし、年間所得が200万円以上の人は医

療費の合計支払額が10万円を超えないと控除できません。また、控除できる金額は最高でも200万円が限度です。

③社会保険料控除

　本人または本人と生計を一にする配偶者その他の親族が負担すべき社会保険料を本人が支払った場合に、その支払った金額が控除できます。具体的には、健康保険、国民健康保険、介護保険、厚生年金、国民年金、労働保険等にかかる保険料が該当します。国民年金および国民年金基金については、支払証明書を確定申告書に添付することになっているので注意が必要です。

④小規模企業共済等掛金控除

　本人が、小規模企業共済等掛金を支払った場合に控除できます。小規模企業共済法第2条第2項に規定する共済契約にもとづく掛金で、従業員が20人以下（商業、サービス業では5人以下）の個人事業主または会社の役員、そのほか個人事業主の共同経営者である配偶者や後継者等個人事業主1人につき2人までが加入できます。掛金は月額7万円が限度なので、最高で年間84万円控除することができます。

　この小規模企業共済等掛金は、廃業等のために解約手当金を受け取ったときは退職所得に区分されて税金が軽減されます。つまり、掛金を支払ったとき、解約して受け取ったときの両方とも節税になるわけです。そのほか、心身障害者扶養共済制度の掛金、確定拠出年金法第55条第2項第4号に規定する個人型年金加入者掛金も対象になります。確定申告の際には、「控除証明書」を添付します。

⑤生命保険料控除

　本人が一定の生命保険料、介護医療保険料及び個人年金保険料を支払った場合には、一定の金額が控除できます。生命保険契約及び介護医療保険契約の場合は、保険金等の受取人が本人のほか配偶者その他の親族であっても対象となります。しかし、個人年金保険契約については受取人が本人または配偶者のいずれかに限られるので注意が必要です。

　平成24年分からは、平成24年1月1日以後に契約した生命保険契約及

び介護医療保険契約、個人年金保険契約を「新契約」と呼び、それぞれ最高4万円、新契約のみの場合は合計12万円が控除できます。なお、平成23年12月31日以前に契約した生命保険契約及び個人年金保険契約は「旧契約」と呼び、従来どおりそれぞれ最高5万円、旧契約のみの場合は合計10万円の控除が適用されます。新契約と旧契約の双方に加入している場合は、新旧それぞれ計算して生命保険契約、個人年金保険契約ともにそれぞれ最高4万円の控除となります。この場合、新旧双方を選択しても合計で最高12万円の控除となります。

　年末近くになると保険会社から控除証明書が送付されてきます。確定申告書に添付するか、確定申告書を提出する際に提示することになるので、確定申告用に保管しておくようにします。

⑥地震保険料控除

　平成19年分より、地震保険契約（居住用家屋・生活用動産を目的とする地震等を原因とする火災等による損害に起因して支払われる契約）に係る地震等相当部分の保険料または掛金の全額について最高5万円の控除ができます。

　なお、平成18年12月31日までに契約した長期損害保険契約等（地震保険料控除の適用を受けるものを除く）に係る保険料または掛金は従来どおり最高1万5,000円を控除できます。地震保険と長期損害保険の両方の控除を受ける場合は、合わせて最高5万円の控除となります。

⑦寄付金控除

　2,000円を超える特定寄付金を支出した場合には控除できます。特定寄付金とは、国または地方公共団体に対する寄付金、指定寄付金（公益法人に対する寄付金で財務大臣が指定したもの）、独立行政法人や日本赤十字社などの特定公益増進法人に対する寄付金をいいます。政党や政治団体への寄付も対象となります。

⑧障害者控除

　本人が障害者（特別障害者）であるとき、または控除対象配偶者や扶養親族に障害者（特別障害者）に該当する人がいるときに控除すること

ができます。障害者とは、精神または身体に障害がある人のことで、医師の認定や障害者手帳を交付されている人が該当します。特別障害者は、障害者のうち精神または身体に重度の障害がある人で、精神障害の場合は1級、身体障害の場合は1級または2級が該当します。障害者控除額は、障害者の場合は27万円、特別障害者の場合は40万円です。

ただし、同居の16歳未満の特別障害者については、40万円に特別加算35万円を加えて障害者控除額は75万円となります。

⑨寡婦（寡夫）控除

納税者本人が寡婦（寡夫）に該当するときに控除を受けられますが、所得金額の制限などの適用要件があります。寡婦控除額は、通常の寡婦の場合は27万円、扶養親族である子を有し合計所得金額が500万円以下である寡婦の場合は35万円、寡夫控除額は27万円です。

⑩勤労学生控除

納税者本人が勤労学生であるときは、27万円の控除を受けることができます。

⑪配偶者控除

生計を一にする配偶者で、合計所得金額が38万円以下（給与収入金額だけなら103万円以下）の場合には、38万円の控除を受けられます。配偶者の年齢や状況により、控除額は異なります。

なお、青色申告者の配偶者で青色事業専従者給与の支給を受けている場合、または白色申告者の配偶者で事業専従者に該当する場合には、配偶者控除の適用を受けることはできません。

⑫配偶者特別控除

本人と生計を一にする配偶者のうち配偶者控除の対象とならない配偶者が合計所得金額76万円未満の場合には、合計所得金額の区分によって3万円から38万円の控除を受けられます。配偶者特別控除を受けられる収入金額の基準は、給与収入の場合だと103万円以上141万円未満です。なお、配偶者特別控除を受けられるのは、納税者本人の合計所得金額が

1,000万円以下の場合にかぎられます。

⑬扶養控除

　本人と生計を一にする16歳以上の親族の合計所得金額が38万円以下である場合には、38万円の控除を受けることができます。扶養親族が老人である場合や特別障害者である場合には、控除額が割増されます。

　なお、扶養親族のうち19歳以上23歳未満の特定扶養親族については、38万円に25万円を上乗せした63万円が控除できます。この場合、合計所得金額や年齢はその年の12月31日現在で判定します。

⑭基礎控除

　本人について、誰でも一律に38万円の控除が受けられます。

「税額控除」の内容と活用ポイント

　所得金額の合計額から所得控除を差し引いたものを「**課税所得金額**」といい、この金額に税率をかけていったん課税所得に対する税額を計算します。この税額からさらに控除できるのが「**税額控除**」です。

　まず、二重課税の排除を目的として設けられているものに、「**配当控除**」と「**外国税額控除**」があります。

　配当控除は、利益の配当、剰余金の分配を受けた場合に、課税総所得金額が1,000万円以下のときは配当所得金額の10％に相当する金額、1,000万円を超える金額のときは配当所得金額の5％を控除できるというものです。

　外国税額控除は、国外の所得について外国の法令にもとづいて個人の所得に課される税金があるときに、一定の金額を限度として控除することができるというものです。

　ほかに「**住宅借入金等特別控除**」も税額控除の1つです。いわゆる「**住宅ローン控除**」といわれるもので、住宅を取得するために住宅ローンを借りるなど一定の要件に該当する場合に控除することができます。

　税額控除には、政治活動に関する寄付をした場合の特別控除もありますが、これは、政党あるいは政党の政治資金団体に対する寄付をしたときに控除することができます。

9-3 確定申告のしくみと提出のしかた

ここがポイント！
- ●確定申告書は納税地の所轄税務署に提出する
- ●個人事業者はB様式の申告書を使用する

税務署から送付される申告書の情報は大切

「確定申告」は、前年1年間の所得について自分で所得を計算し、所得税額を求めて申告納税する制度です。確定申告する期間は、2月16日から3月15日までと決まっていて、所得税は国税なので日本全国どこでも同じルールで行なわれています。

確定申告書は本来、国に提出するものですが、納税地の所轄税務署に提出することになっています。この場合の納税地とは、原則として住民登録をしている「住所地」となっていますが、住所とは生活の本拠をいい、「居所地」でも申告ができます。住所地または居所地以外には「事業所の所在地」を納税地として選択することもできます。この場合、住所地の所轄税務署および選択した事業所所在地の所轄税務署の両方に届出書を提出しなければなりません。

確定申告書は、所轄税務署に直接提出してもよいし、郵送することもできます。郵送の場合は、**通信日付印に表示された日に提出されたもの**とみなされます。ですから3月15日の消印があれば、3月16日以後に税務署に届いたとしても期限内申告として扱われます。とはいえ、ぎりぎりの提出は避けたいものです。

継続して申告している人には、年末近くになると届け出た納税地の所轄税務署から確定申告書の用紙が郵送されてきます。この用紙には、納税者整理番号や予定納税額があるときはその金額、振替納税手続きをしている場合には振替をする銀行名等が印字され、いろいろな情報が入っているので重要です。

用紙の種類は、「A様式」と「B様式」の2種類に分かれています。これに別表を追加することでいろいろな申告に対応できるようにつくられていますが、個人事業者はB様式の申告書を使います。

9-4 「確定申告書」の書き方と作成の手順

ここがポイント！
- 所得控除は第二表を記入して第一表に転記する
- 税額計算は第一表で行なう

青色申告決算書にもとづいて申告書を作成する

　具体的に確定申告書に記入をしながら、所得税を計算していきましょう。8章で作成した青山一夫さんの「青色申告決算書」を例にして進めていきます。

　その前に、確定申告書のB様式がどんなしくみになっているのか確認しておきましょう。基本的に「第一表」と「第二表」の2ページに分かれています。第一表では、各種所得の収入金額から始まって納税額までの一連の計算をします。第二表は、源泉徴収されている場合の所得の内訳、事業専従者に関する事項、配当所得等に関する事項、所得控除の明細を記入するようになっています。

　住民税用の第一表、第二表もありますが、記入する内容はまったく同じで、複写式になっています。

　それでは、第一表の頭から記入を始めましょう。

　第一表の左上欄に「住所（又は事業所、事務所、居所など）」とあるのは、選択した納税地を記入します。青山さんは住所地を納税地としているので、住所を記入します。「1月1日現在の住所」は変わっていなければ、「同上」でかまいません。

　「収入金額等」欄は、個人事業者は農業以外の事業ならすべて「営業等」の欄に記入します。収入金額は、青色申告決算書の「収入金額」を転記します。所得金額は、やはり青色申告決算書の右下にある「所得金額」を転記します。

　「所得から差し引かれる金額」欄は、所得控除を記入するところで、第二表の明細を記入してから、その合計額をそれぞれ転記します。

　第二表の⑫「社会保険料控除」には、国民健康保険料の金額、自分自

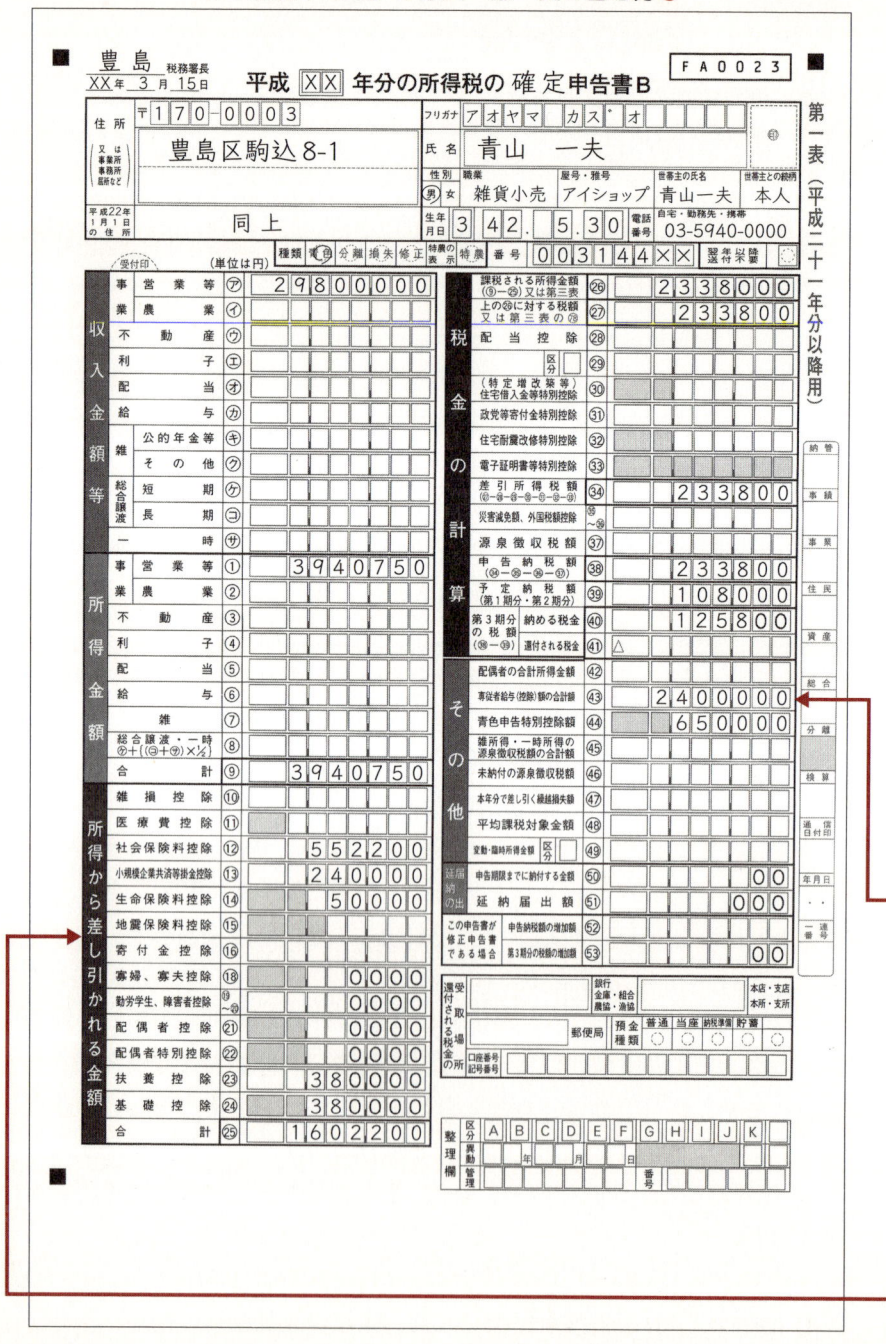

●「確定申告書」B様式・第一表の書き方●

税務署長	豊島
提出日	XX年 3月 15日
年分	平成 XX 年分の所得税の確定申告書B
整理番号	FA0023
住所	〒170-0003 豊島区駒込8-1
平成22年1月1日の住所	同上
フリガナ	アオヤマ カズオ
氏名	青山 一夫
性別	男
職業	雑貨小売
屋号・雅号	アイショップ
世帯主の氏名	青山一夫
世帯主との続柄	本人
生年月日	3 42. 5.30
電話番号	03-5940-0000
種類・特農の表示	—
番号	003144××

収入金額等

事業 営業等	㋐	29800000
事業 農業	㋑	
不動産	㋒	
利子	㋓	
配当	㋔	
給与	㋕	
雑 公的年金等	㋖	
雑 その他	㋗	
総合譲渡 短期	㋘	
総合譲渡 長期	㋙	
一時	㋚	

所得金額

項目	番号	金額
事業 営業等	①	3940750
事業 農業	②	
不動産	③	
利子	④	
配当	⑤	
給与	⑥	
雑	⑦	
総合譲渡・一時 ㋘+((㋙+㋚)×½)	⑧	
合計	⑨	3940750

所得から差し引かれる金額

項目	番号	金額
雑損控除	⑩	
医療費控除	⑪	
社会保険料控除	⑫	552200
小規模企業共済等掛金控除	⑬	240000
生命保険料控除	⑭	50000
地震保険料控除	⑮	
寄付金控除	⑯	
寡婦、寡夫控除	⑰	0000
勤労学生、障害者控除	⑲⑳	0000
配偶者控除	㉑	0000
配偶者特別控除	㉒	0000
扶養控除	㉓	380000
基礎控除	㉔	380000
合計	㉕	1602200

税金の計算

項目	番号	金額
課税される所得金額 (⑨−㉕)又は第三表	㉖	2338000
上の㉖に対する税額 又は第三表の㉗	㉗	233800
配当控除	㉘	
（特定増改築等）住宅借入金等特別控除 区分	㉙㉚	
政党等寄付金特別控除	㉛	
住宅耐震改修特別控除	㉜	
電子証明書等特別控除	㉝	
差引所得税額	㉞	233800
災害減免額、外国税額控除	㉟㊱	
源泉徴収税額	㊲	
申告納税額	㊳	233800
予定納税額（第1期分・第2期分）	㊴	108000
第3期分の税額 納める税金	㊵	125800
第3期分の税額 還付される税金	㊶	△

その他

項目	番号	金額
配偶者の合計所得金額	㊷	
専従者給与(控除)額の合計額	㊸	2400000
青色申告特別控除額	㊹	650000
雑所得・一時所得の源泉徴収税額の合計額	㊺	
未納付の源泉徴収税額	㊻	
本年分で差し引く繰越損失額	㊼	
平均課税対象金額	㊽	
変動・臨時所得金額 区分	㊾	

延納の届出

項目	番号	金額
申告期限までに納付する金額	㊿	00
延納届出額	51	000

この申告書が修正申告書である場合

項目	番号	金額
申告納税額の増加額	52	
第3期分の税額の増加額	53	00

還付される税金の受取場所：銀行・金庫・組合・農協・漁協／郵便局／預金種類（普通・当座・納税準備・貯蓄）／口座番号・記号番号

整理欄 区分 A B C D E F G H I J K 異動 管理 年 月 日 番号

●「確定申告書」B様式・第二表の書き方●

平成 XX 年分の所得税の確定申告書B

住所	豊島区駒込8-1
屋号	
フリガナ	アオヤマ カズオ
氏名	青山 一夫

○ 所得の内訳(源泉徴収税額)

所得の種類	種目・所得の生ずる場所又は給与などの支払者の氏名・名称	収入金額	源泉徴収税額
		円	円

㊸源泉徴収税額の合計額 　　　　　円

○ 事業専従者に関する事項

続柄	従事月数・程度仕事の内容	専従者給与(控除)額
氏名 青山良子 生年月日 明・大 ㊼ 45.10.1	妻	12か月 経理事務	2,400,000
氏名 生年月日 明・大 昭・平 . .			
氏名 生年月日 明・大 昭・平 . .			

㊹専従者給与(控除)額の合計額 2,400,000 円

○ 特例適用条文等

○ 配当所得・雑所得(公的年金等以外)・総合課税の譲渡所得・一時所得に関する事項

所得の種類	種目・所得の生ずる場所	収入金額	必要経費等	差引金額
		円	円	円

○ 所得から差し引かれる金額に関する事項

⑩雑損控除	損害の原因	損害年月日	損害を受けた資産の種類など
	損害金額 円	保険金などで補てんされる金額 円	差引損失額のうち災害関連支出の金額 円

⑪医療費控除	支払医療費 円	保険金などで補てんされる金額 円

⑫社会保険料控除	社会保険の種類	支払保険料	⑬小規模企業共済等掛金控除	掛金の種類	支払掛金
	国保	206,400		小規模共済	240,000
	国民年金	172,900			
	国民年金	172,900			
	合 計	552,200		合 計	240,000

⑭生命保険料控除	一般の保険料の計	200,000	⑮地震保険料控除	地震保険料の計	
	個人年金保険料の計			旧長期損害保険料の計	

⑯寄付金控除	寄付先の所在地・名称	寄付金
	上のうち都道府県・寄付住民税の共同募金・日本赤十字分	

⑰~⑲ 寡婦(寡夫)控除	□死別 □生死不明 □離婚 □未帰還	□勤労学生控除 学校名

⑳障害者控除	氏名	

㉑配偶者(特別)控除	配偶者の氏名	生年月日 明・大 昭・平 . .	□配偶者控除 □配偶者特別控除

㉒~㉓扶養控除	扶養親族の氏名	続柄	生年月日	控除額
	青山太郎	子	明・大 ㊼ 8.1.3	38 万円
			明・大 昭・平 . .	
			明・大 昭・平 . .	
			明・大 昭・平 . .	

㉔扶養控除額の合計 38 万円

○ 住民税・事業税に関する事項

住民税	給与所得以外の住民税の徴収方法の選択	□給与から差引き(特別徴収) □自分で納付(普通徴収)		
	別居の控除対象配偶者・扶養親族・事業専従者の氏名・住所	氏名		住所
	所得税で控除対象配偶者などとした専従者	氏名		給与 円
	配当に関する住民税の特例			
	非居住者の特例			
	配当割額控除額			
	株式等譲渡所得割額控除額			
	非課税所得など		番号	所得金額 円

事業税	損益通算の特例適用前の不動産所得			
	不動産所得から差し引いた青色申告特別控除額			
	事業用資産の譲渡損失など			
	前年中の開(廃)業	開始・廃止 月 日	□他都道府県の事務所等	

税理士署名押印 電話番号 ㊞

□税理士法第30条の書面提出有　□税理士法第33条の2の書面提出有

第二表(平成二十一年分以降用) ○第二表は、第一表と一緒に提出してください。○源泉徴収票、国民年金保険料や生命保険料の支払証明書など申告書に添付しなければならない書類はこの画面にはってください。

9章 税金の計算のしかたと申告・納税のポイント

身の国民年金保険料、妻の国民年金保険料も支払っているのであればそれも含めて記入します。これらの保険料については、平成17年分から支払証明書を添付することが要件になっています。

⑬「小規模企業共済等掛金控除」は、自分への退職金代わりに掛けている小規模共済掛金の年間支払額を記入します。申告の際には掛金の控除証明書を添付します。

⑭「生命保険料控除」は、年間20万円支払っていますが、支払保険料10万円以上の場合の控除額は5万円です。やはり、控除証明書を添付します。

㉓「扶養控除」は、一人息子の太郎の分を記入します。小学3年生で9歳なので、控除額は38万円です。

　ここで第一表に戻り、第二表の所得控除の合計金額をそれぞれ転記します。第一表と第二表で同じ項目は、番号も同じで符合しています。たとえば、社会保険料控除は「⑫」で符合します。

　第一表の所得控除の合計額を計算し、㉕欄に記入します。そして、所得金額の合計額（⑨欄）から㉕欄の金額を差し引いて「課税される所得金額」（㉖欄）を記入します。計算すると2,338,550円になりますが、課税所得金額の1,000円未満は切捨てなので2,338,000円となります。

　この金額に対する税額は税率10％なので233,800円です。

　青山さんの場合、予定納税額（㊴欄）が108,000円ありますので、納める税額（㊵欄）は、125,800円と算出することができます。

9-5 所得税の納付のしかたと延納、予定納税の手続き

ここがポイント！
- 所得税の納付期限は原則として3月15日まで
- 延納を利用すると納付期限は5月31日まで

所得が15万円以上になると予定納税が必要

　所得税の確定申告書の提出期限は3月15日までで、税金の納付期限も3月15日となっています。納付書にもとづいて、銀行の窓口か郵便局の窓口で支払います。

　そのほか「**振替納税制度**」というものがあり、本人名義の預金口座から自動振替によって納税することができます。この振替納税の手続きは、振替納税を開始しようとする年の3月15日までに申請をすれば有効です。一度手続きをすれば、引越しなどをして所轄の税務署がかわらないかぎり継続します。

　振替納税の適用を受けると、振替日はその年によって1日、2日のずれはありますが、4月の20日前後に口座から自動引き落としになります。

　確定申告書Bの第一表の右側「税金の計算」欄を見ると、「第3期分の税額」欄がありますが、この金額が確定申告で納める（または還付される）税金です。この第3期分の税額については、少し下の方にある「延納の届出」欄に金額を記入すると、2回に分割払いすることができます。**延納**を利用する場合は、1回目は申告期限まで、2回目は5月31日までに納付します。

　所得税は、1年分の計算をして確定申告をし、納税するしくみになっていますが、**予定納税**制度を取り入れて前払いを2回行なうようになっています。

　予定納税をしなければならない人は、前年分の課税総所得金額をもとに予定納税基準額を計算して**15万円以上**になる人です。予定納税の期間は、第1期が7月1日から7月31日、第2期が11月1日から11月30日となっています。

● 「延納」と「予定納税」の記入例 ●

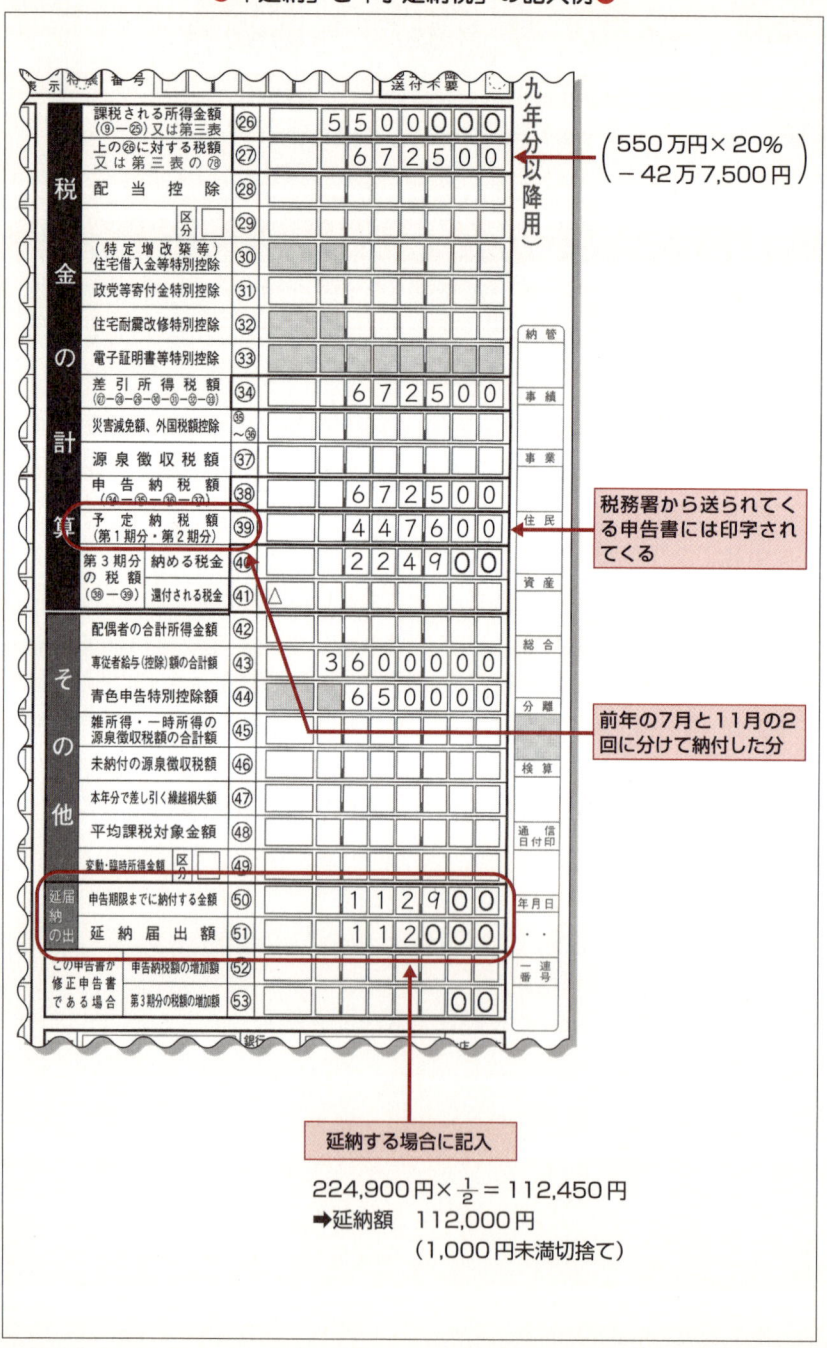

税金の計算	課税される所得金額 ⑨−㉕ 又は第三表	㉖	5500000
	上の㉖に対する税額 又は第三表の⑧	㉗	672500
	配当控除	㉘	
	区分	㉙	
	（特定増改築等） 住宅借入金等特別控除	㉚	
	政党等寄付金特別控除	㉛	
	住宅耐震改修特別控除	㉜	
	電子証明書等特別控除	㉝	
	差引所得税額 (㉗−㉘−㉙−㉚−㉛−㉜−㉝)	㉞	672500
	災害減免額、外国税額控除	㉟〜㊱	
	源泉徴収税額	㊲	
	申告納税額 (㉞−㉟−㊱−㊲)	㊳	672500
	予定納税額 (第1期分・第2期分)	㊴	447600
	第3期分の税額 (㊳−㊴) 納める税金	㊵	224900
	還付される税金	㊶	△
その他	配偶者の合計所得金額	㊷	
	専従者給与(控除)額の合計額	㊸	3600000
	青色申告特別控除額	㊹	650000
	雑所得・一時所得の源泉徴収税額の合計額	㊺	
	未納付の源泉徴収税額	㊻	
	本年分で差し引く繰越損失額	㊼	
	平均課税対象金額	㊽	
	変動・臨時所得金額 区分	㊾	
延納の届出	申告期限までに納付する金額	㊿	112900
	延納届出額	51	112000
この申告書が修正申告書である場合	申告納税額の増加額	52	
	第3期分の税額の増加額	53	00

（九年分以降用）

（550万円×20% −42万7,500円）

税務署から送られてくる申告書には印字されてくる

前年の7月と11月の2回に分けて納付した分

延納する場合に記入

224,900円 × $\frac{1}{2}$ = 112,450円
→ 延納額　112,000円
　　（1,000円未満切捨て）

9-6 住民税のしくみと納付のしかた

ここがポイント！
- 住民税は賦課課税方式による
- 均等割と所得割の2本立てで課税される

市区町村が決定した住民税額を納める

　一般的に「都道府県民税」と「市区町村民税」を総称して「住民税」と呼んでいます。

　所得税は申告納税制度を採用していますが、住民税は「**賦課課税方式**」といって課税する立場の市区町村が税額を計算して決定し、納税者に通知して、納税者が納税するしくみになっています。そのため、住民税の計算のしくみは見えにくくなっているようです。なお、都道府県民税については、市区町村が市区町村民税といっしょに課税することになっています。

　住民税の計算は、基本的には所得税と同じ流れで行ないます。ただし、所得控除の金額は所得税よりも少なくなっており、税率も所得税とは異なります。

納税義務者と確定申告書への記入

　住民税は、「**均等割**」と「**所得割**」の2本立てで課税されます。
　まず、均等割の納税義務者は、都道府県民税の場合、次のようになっています。
①**都道府県内に住所を有する人**
②**都道府県内に事務所等を有する人で、事務所等の所在する市区町村に住所を有しない人**

　つまり、同一都道府県に住所と事務所等があるときは、事務所等の均等割は課税されません。
　市区町村民税の均等割の納税義務者については、次のようになっています。
①**市区町村内に住所を有する人**
②**市区町村内に事務所等を有する人で、事務所等の所在する市区町村に**

●個人事業者の住民税の納付●

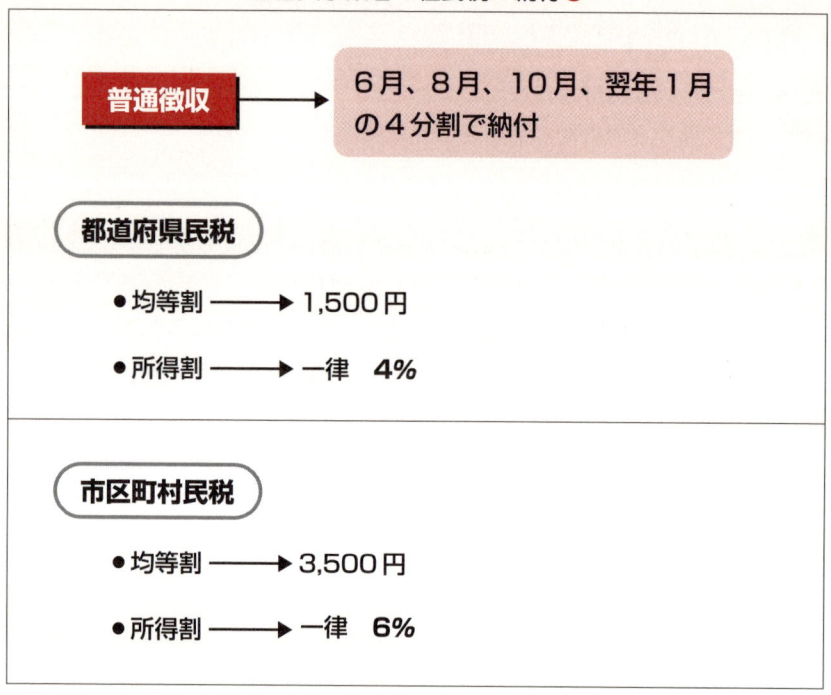

普通徴収 → 6月、8月、10月、翌年1月の4分割で納付

都道府県民税
- 均等割 → 1,500円
- 所得割 → 一律　4％

市区町村民税
- 均等割 → 3,500円
- 所得割 → 一律　6％

※　所得税と個人住民税の所得控除の人的控除額の差について、負担増を調整するため、一定の金額が個人住民税から控除されます（最低2,500円）。
※　平成26年度より10年間、復興特別住民税が付加され道府県民税の均等割が1,500円に、市区町村民税の均等割が3,500円となります。

住所を有しない人

つまり、同一市区町村に住所と事務所等があるときは、事務所等の均等割は課税されません。

次に、所得割の納税義務者は、都道府県民税については「都道府県内に住所を有する人」、市区町村民税については「市区町村内に住所を有する人」となっています。

住民税は賦課課税方式により課税されますが、その計算のもととなるデータは申告によります。ただし、個人事業者の場合は、所得税の確定申告書を提出すれば、自動的に住民税の申告をしたとみなされます。なおその際は、確定申告書・第二表の右下の「住民税・事業税に関する事項」欄には、該当事項を記入するようにします。

9-7 事業税のしくみと納付のしかた

ここがポイント!
- 課税対象の事業は決まっている
- 確定申告書に記入すれば申告したことになる

事業主控除が290万円ある

　個人事業者に対する「**事業税**」は、個人の行なう物品販売業、製造業、水産業、医業など一定の事業に対して、事務所または事業所所在の都道府県が課税する税金です。法律で具体的に定められた第1種事業、第2種事業、第3種事業に該当する事業が課税対象になります（次ページ参照）。

　個人の事業税は、個人住民税と同じく**賦課課税方式を採用**していますが、申告書を提出することになっています。第1種事業、第2種事業、第3種事業を営む個人の所得金額が**事業主控除額**である290万円を超えた場合には、申告書を提出しなければならないことになっています。

　ただし、所得税の確定申告書を提出した場合には、住民税の申告と同様に、事業税の申告をしたものとみなされ、事業税の申告をする必要はありません。確定申告書Bの第二表右下には「住民税・事業税に関する事項」を記入する欄があります。そこに必要事項を記入して申告します（203ページ参照）。

　事業税は賦課課税方式ですから、税金を自分で計算する必要はないのですが、どのような計算をして税額が導き出されるのか、そのポイントを確認しておきましょう。

【税額の計算方法】
- 総収入金額－必要経費＝事業所得
  （青色申告特別控除は引けません）
- 事業所得－事業主控除（290万円）＝事業の所得
  （損失の繰越控除等があれば控除します）
- 事業の所得×税率＝事業税額

●事業税の課税対象となる事業●

第1種事業　商工業等いわゆる営業に属するもの

①物品販売業（動植物その他普通に物品といわないものの販売業を含む）、②保険業、③金銭貸付業、④物品貸付業（動植物その他普通に物品といわないものの貸付業を含む）、⑤不動産貸付業、⑥製造業（物品の加工修理業を含む）、⑦電気供給業、⑧土石採取業、⑨電気通信事業（放送事業を含む）、⑩運送業、⑪運送取扱業、⑫船舶ていけい場業、⑬倉庫業（物品の寄託を受け、これを保管する業を含む）、⑭駐車場業、⑮請負業、⑯印刷業、⑰出版業、⑱写真業、⑲席貸業、⑳旅館業、㉑料理店業、㉒飲食店業、㉓周旋業、㉔代理業、㉕仲立業、㉖問屋業、㉗両替業、㉘公衆浴場業（第3種事業の公衆浴場業を除く）、㉙演劇興行業、㉚遊技場業、㉛遊覧所業、㉜商品取引業、㉝不動産販売業、㉞広告業、㉟興信所業、㊱案内業（通訳案内を除く）、㊲冠婚葬祭業

第2種事業　第1種産業いわゆる原始産業に属するもの

①畜産業（農業に付随して行なうものを除く）、②水産業（小規模な水産動植物の採捕の事業を除く）、③薪炭製造業

※事業を行なう者またはその同居の親族の労力によってその事業を行なった日数の合計が、その事業のその年における延労働日数の2分の1を超えるものは課税対象から除く

第3種事業　医業等の自由業に属するもの

①医業、②歯科医業、③薬剤師業、④あん摩、マッサージまたは指圧、はり、きゅう、柔道整復その他の医業に類する事業（両眼の視力を喪失した者その他これに類する者が行なうものを除く）、⑤獣医業、⑥装蹄師業、⑦弁護士業、⑧司法書士業、⑨行政書士業、⑩公証人業、⑪弁理士業、⑫税理士業、⑬公認会計士業、⑭計理士業、⑮社会保険労務士業、⑯コンサルタント業、⑰設計監督者業、⑱不動産鑑定業、⑲デザイン業、⑳諸芸師匠業、㉑理容業、㉒美容業、㉓クリーニング業、㉔公衆浴場業（温泉、むし風呂などを除く一般の銭湯をいう）、㉕歯科衛生士業、㉖歯科技工士業、㉗測量士業、㉘土地家屋調査士業、㉙海事代理士業、㉚印刷製版業

※平成19年度より、助産師は課税除外となりました。

●事業税の標準税率●

❶ 第1種事業	所得の	$\dfrac{5}{100}$
❷ 第2種事業	〃	$\dfrac{4}{100}$
❸ 第3種事業（❹を除く）	〃	$\dfrac{5}{100}$
❹ 第3種事業のうち あん摩等、装蹄師業	〃	$\dfrac{3}{100}$

9章 税金の計算のしかたと申告・納税のポイント

●「確定申告書」第二表への記入のしかた●

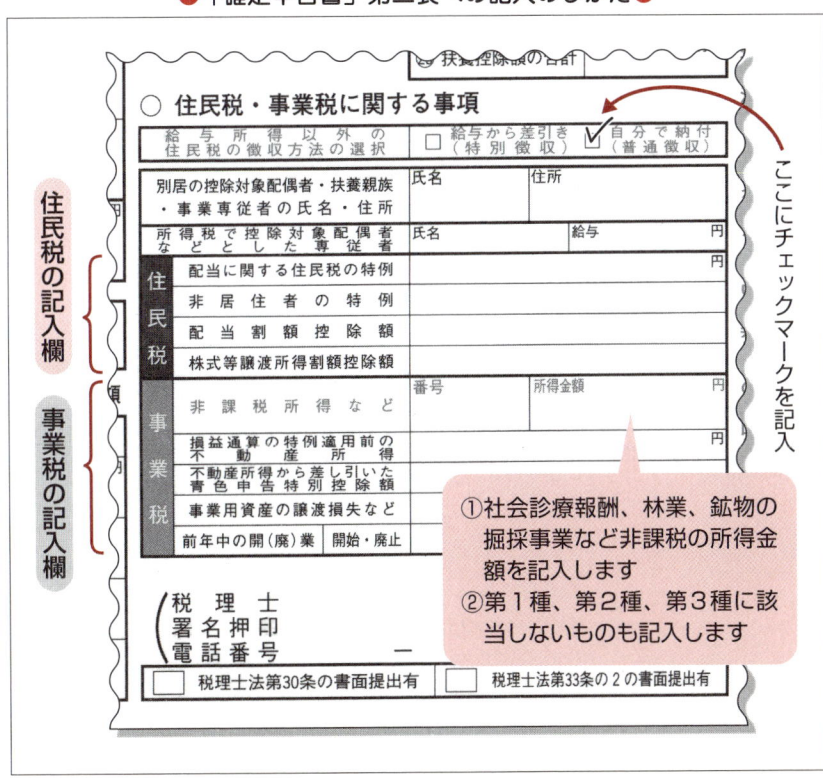

住民税の記入欄
事業税の記入欄

○ 住民税・事業税に関する事項

給与所得以外の住民税の徴収方法の選択　□給与から差引き（特別徴収）　□自分で納付（普通徴収）　← ここにチェックマークを記入

【住民税】
- 別居の控除対象配偶者・扶養親族・事業専従者の氏名・住所
- 所得税で控除対象配偶者などとした専従者
- 配当に関する住民税の特例
- 非居住者の特例
- 配当割額控除額
- 株式等譲渡所得割額控除額

【事業税】
- 非課税所得など
- 損益通算の特例適用前の不動産所得
- 不動産所得から差し引いた青色申告特別控除額
- 事業用資産の譲渡損失など
- 前年中の開（廃）業　開始・廃止

税理士署名押印　電話番号

□税理士法第30条の書面提出有　□税理士法第33条の2の書面提出有

①社会診療報酬、林業、鉱物の掘採事業など非課税の所得金額を記入します
②第1種、第2種、第3種に該当しないものも記入します

9-8 消費税の申告と納付のしかた

ここがポイント！
- 消費税の納付期限は3月31日
- 納税地は所得税の確定申告と同じところ

原則課税と簡易課税による申告書の記載例

　個人事業者の場合、消費税の申告期限は、課税期間終了後3か月以内、つまり翌年の3月31日が申告・納税の期限となっています。

　年の途中で個人事業者が死亡した場合には、相続人が申告することになりますが、その期限は相続の開始があったことを知った日から4か月以内です。

　消費税申告書の提出は、納税地である住所地あるいは事業所所在地の所轄税務署に行ないますが、納税地は所得税の確定申告と同じところにします。

　では、例題に従って「原則課税」と「簡易課税」による消費税の申告書の記入例をあげておきましょう。

●消費税申告書の提出期限●

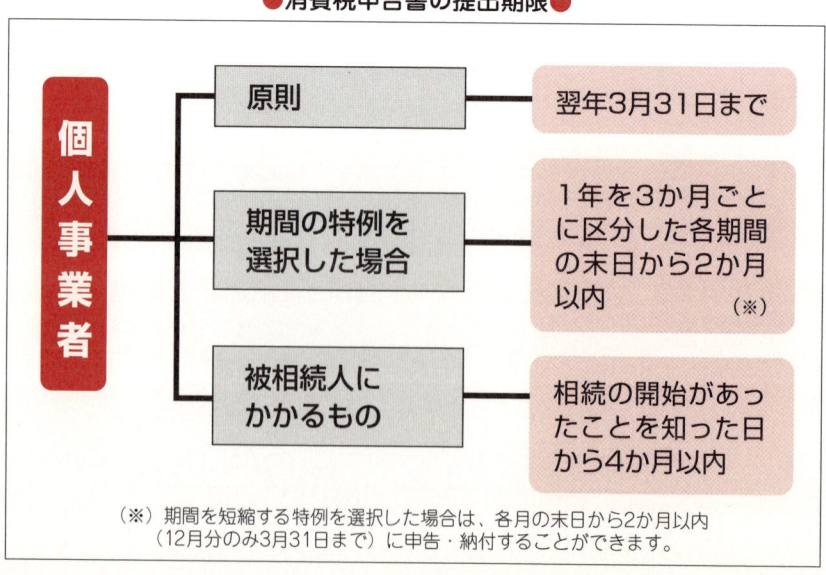

個人事業者		
	原則	翌年3月31日まで
	期間の特例を選択した場合	1年を3か月ごとに区分した各期間の末日から2か月以内　　（※）
	被相続人にかかるもの	相続の開始があったことを知った日から4か月以内

（※）期間を短縮する特例を選択した場合は、各月の末日から2か月以内（12月分のみ3月31日まで）に申告・納付することができます。

9章 税金の計算のしかたと申告・納税のポイント

【原則課税】

8章の青山一夫さんの青色申告決算書を例題として、消費税の原則課税の計算をしてみます。

①課税売上　　　29,800,000円×100／108＝27,592,592円
　　　　　　　　　　　　　　　　　　（消費税抜きの金額）

②課税仕入
- 仕入金額　　　　　　　　　　　　　　17,040,000円
- 店舗内装　　　　　　　　　　　　　　 2,500,000円
- 車両運搬具　　　　　　　　　　　　　 1,000,000円
- 経費合計　　　　　　　　6,387,500円
- 〈控除するもの〉
- 租税公課　　　　　50,000円
- 交際費のうち香典代　30,000円
- 損害保険料　　　　 12,000円
- 減価償却費　　　　525,000円
- 給料賃金　　　　2,000,000円
- 利子割引料　　　　 22,000円　　－2,639,000円　　3,748,500円

課税仕入合計　　　　　　　　　　　　　　24,288,500円
　　　　　　　　　　　　　　　　　　（消費税込みの金額）

【簡易課税】

①飲食業　　第4種に該当
②課税売上　41,500,000円×100／108＝38,425,925円
　　　　　　　　　　　　　　　　　（消費税抜きの金額）

　原則課税の場合の申告書の書き方は206、207ページ、簡易課税の場合の申告書の書き方は208、209ページを参照してください。なお、消費税の申告書を提出する場合、原則課税のときは「付表2」、簡易課税のときは「付表5」を申告書に添付することになっていますので、それぞれの付表の書き方も掲載しています。

● 「消費税申告書」付表２の書き方 ●

付表2　課税売上割合・控除対象仕入税額等の計算表　　　　　　　　　　　　　一般

項目		金額
課税売上額（税抜き）	①	27,592,592 円
免税売上額	②	
非課税資産の輸出等の金額、海外支店等へ移送した資産の価額	③	
課税資産の譲渡等の対価の額（①＋②＋③）	④	27,592,592
課税資産の譲渡等の対価の額（④の金額）	⑤	27,592,592
非課税売上額	⑥	
資産の譲渡等の対価の額（⑤＋⑥）	⑦	27,592,592
課税売上割合（④／⑦）		〔 100 ％〕 ※端数切捨て
課税仕入れに係る支払対価の額（税込み）	⑧	※注2参照 24,288,500
課税仕入れに係る消費税額（⑧×6.3／108）	⑨	※注3参照 1,416,829
課税貨物に係る消費税額	⑩	
納税義務の免除を受けない（受ける）こととなった場合における消費税額の調整（加算又は減算）額	⑪	
課税仕入れ等の税額の合計額（⑨＋⑩±⑪）	⑫	1,416,829
課税売上高が5億円以下、かつ、課税売上割合が95％以上の場合（⑫の金額）	⑬	1,416,829
課税売上高が5億円超又は課税売上割合が95％未満の場合 個別対応方式 ⑫のうち、課税売上げにのみ要するもの	⑭	
〃 ⑫のうち、課税売上げと非課税売上げに共通して要するもの	⑮	
〃 個別対応方式により控除する課税仕入れ等の税額　〔⑭＋（⑮×④／⑦）〕	⑯	
一括比例配分方式により控除する課税仕入れ等の税額（⑫×④／⑦）	⑰	
控除税額調整 課税売上割合変動時の調整対象固定資産に係る消費税額の調整（加算又は減算）額	⑱	
調整対象固定資産を課税業務用（非課税業務用）に転用した場合の調整（加算又は減算）額	⑲	
差引 控除対象仕入税額〔（⑬、⑯又は⑰の金額）±⑱±⑲〕がプラスの時	⑳	1,416,829
控除過大調整税額〔（⑬、⑯又は⑰の金額）±⑱±⑲〕がマイナスの時	㉑	
貸倒回収に係る消費税額	㉒	

注意1　金額の計算においては、1円未満の端数を切り捨てる。
　　2　⑧欄には、値引き、割戻し、割引きなど仕入対価の返還等の金額がある場合（仕入対価の返還等の金額を仕入金額から直接減額している場合を除く。）には、その金額を控除した後の金額を記入する。
　　3　上記2に該当する場合には、⑨欄には次の算式により計算した金額を記入する。
　　　　　課税仕入れに係る消費税額⑨＝$\left(\dfrac{課税仕入れに係る支払対価の額（仕入対価の返還等の金額を控除する前の税込み金額）}{}\right) × \dfrac{6.3}{108} - \left(\dfrac{仕入対価の返還等の金額（税込み）}{}\right) × \dfrac{6.3}{108}$
　　4　⑳欄と㉒欄のいずれにも記載がある場合は、その合計金額を申告書⑭欄に記入する。

●「消費税申告書」（原則課税）の書き方●

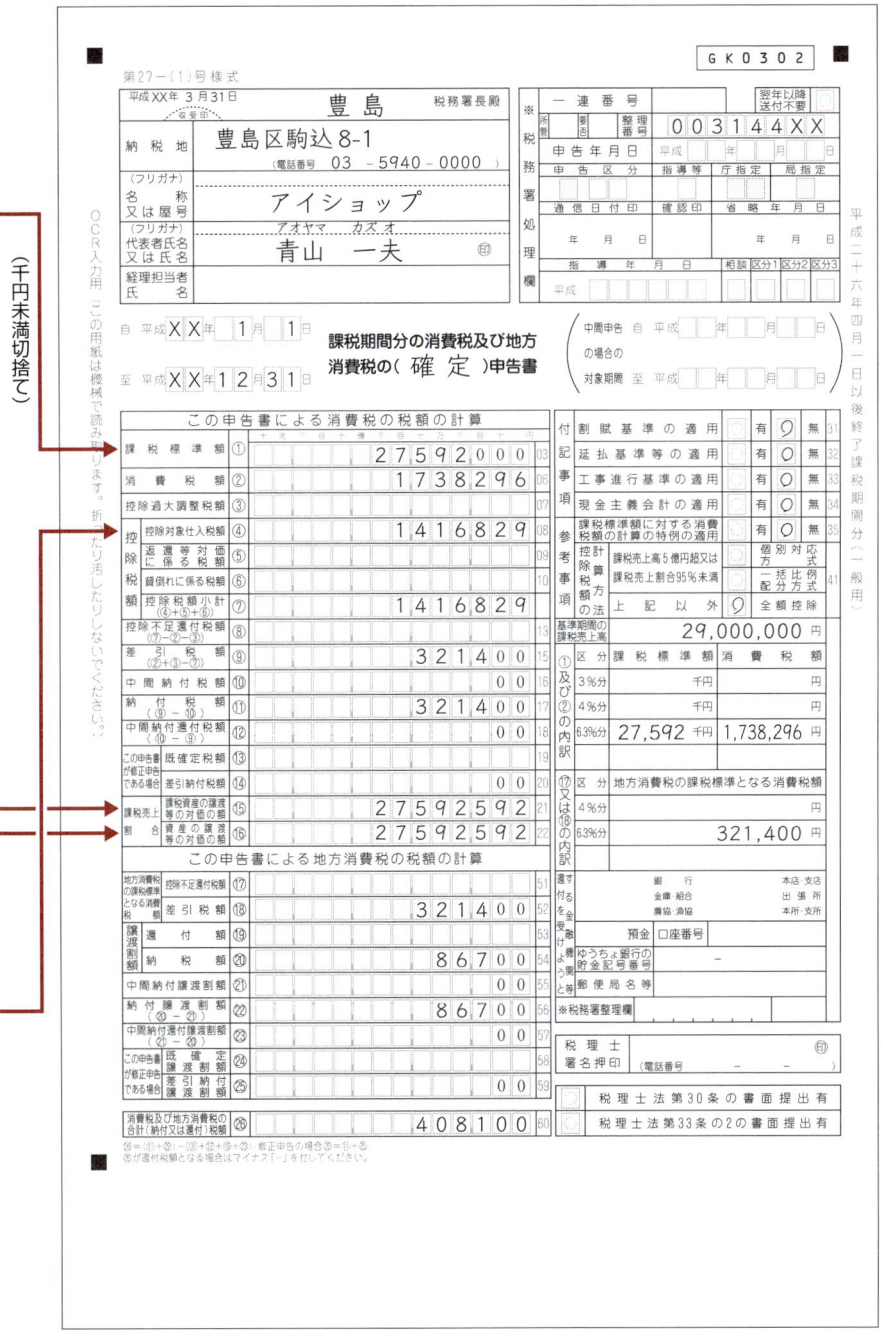

9章 税金の計算のしかたと申告・納税のポイント

第27-(1)号様式

GK0302

平成XX年 3月31日 豊島 税務署長殿

一連番号
整理番号 003144XX

納税地 豊島区駒込8-1
（電話番号 03-5940-0000）

（フリガナ）
名称又は屋号 アイショップ

（フリガナ） アオヤマ カズオ
代表者氏名又は氏名 青山 一夫 ㊞

経理担当者氏名

自 平成 XX年 1月 1日
至 平成 XX年 12月31日

課税期間分の消費税及び地方消費税の（確定）申告書

中間申告の場合の対象期間 自 平成 年 月 日 至 平成 年 月 日

平成二十六年四月一日以後終了課税期間分（一般用）

（千円未満切捨て）

この申告書による消費税の税額の計算

① 課税標準額	27,592,000	03
② 消費税額	1,738,296	06
③ 控除過大調整税額		07
④ 控除対象仕入税額	1,416,829	08
⑤ 返還等対価に係る税額		09
⑥ 貸倒れに係る税額		10
⑦ 控除税額小計(④+⑤+⑥)	1,416,829	13
⑧ 控除不足還付税額(⑦-②-③)		15
⑨ 差引税額(②+③-⑦)	321,400	15
⑩ 中間納付税額	00	16
⑪ 納付税額(⑨-⑩)	321,400	18
⑫ 中間納付還付税額(⑩-⑨)	00	19
⑬ この申告書が修正申告である場合 既確定税額		
⑭ 差引納付税額	00	20
⑮ 課税売上割合 課税資産の譲渡等の対価の額	27,592,592	21
⑯ 資産の譲渡等の対価の額	27,592,592	22

付記事項
割賦基準の適用 有 ○無 31
延払基準等の適用 有 ○無 32
工事進行基準の適用 有 ○無 33
現金主義会計の適用 有 ○無 34

参考事項
課税標準額に対する消費税額の計算の特例の適用 有 ○無
控除税額の計算方法 課税売上高5億円超又は課税売上割合95%未満 個別対応方式 一括比例配分方式 上記以外 ○全額控除 41

基準期間の課税売上高 29,000,000 円

⑰ 区分 課税標準額 消費税額
3%分 千円 円
4%分 千円 円
6.3%分 27,592 千円 1,738,296 円

⑰又は⑱ 区分 地方消費税の課税標準となる消費税額
4%分
6.3%分 321,400 円

この申告書による地方消費税の税額の計算

⑰ 地方消費税の課税標準となる消費税 控除不足還付税額		51
⑱ 差引税額	321,400	52
⑲ 譲渡割額 還付額		53
⑳ 納付額	86,700	54
㉑ 中間納付譲渡割額	00	55
㉒ 納付譲渡割額(⑳-㉑)	86,700	56
㉓ 中間納付還付譲渡割額(㉑-⑳)	00	57
㉔ この申告書が修正申告である場合 既確定譲渡割額		58
㉕ 差引納付譲渡割額	00	59
㉖ 消費税及び地方消費税の合計（納付又は還付）税額	408,100	60

還付を受けようとする金融機関等
銀行 本店・支店
金庫・組合 出張所
農協・漁協 本所・支所
預金 口座番号
ゆうちょ銀行の貯金記号番号
郵便局名等
※税務署整理欄

税理士署名押印 ㊞
（電話番号 - - ）

税理士法第30条の書面提出有
税理士法第33条の2の書面提出有

※⑬=⑪+⑫-⑩+㉓+㉔・修正申告の場合㉖=⑮+㉕
※⑬が還付税額となる場合はマイナス「-」を付してください。

●「消費税申告書」付表5の書き方●

付表5　控除対象仕入税額の計算表

簡易

| 課税期間 | ××・1・1～××・12・31 | 氏名又は名称 | 山田　ゆう子 |

項目		金額
課税標準額に対する消費税額（申告書②欄の金額）	①	2,420,775 円
貸倒回収に係る消費税額（申告書③欄の金額）	②	
売上対価の返還等に係る消費税額（申告書⑤欄の金額）	③	
控除対象仕入税額計算の基礎となる消費税額（①+②－③）	④	2,420,775
1種類の事業の専業者の場合〔控除対象仕入税額〕 ④×みなし仕入率（90%・80%・70%・60%・50%）	⑤ ※申告書④欄へ	1,452,465

2種類以上の事業を営む事業者の場合

	区分		事業区分別の課税売上高（税抜き）	売上割合	左の課税売上高に係る消費税額
課税売上高に係る消費税額の計算	事業区分別の合計額	⑥	※申告書「事業区分」欄へ　円		⑫　円
	第一種事業（卸売業）	⑦	※	⑬ %	
	第二種事業（小売業）	⑧	※		⑭
	第三種事業（製造業等）	⑨	※		⑮
	第四種事業（その他）	⑩	※		⑯
	第五種事業（サービス業等）	⑪	※		⑰

控除対象仕入税額の計算式区分

	計算式区分			算出額
特例計算を適用する場合	原則計算を適用する場合 ④×みなし仕入率 〔（⑬×90%＋⑭×80%＋⑮×70%＋⑯×60%＋⑰×50%）／⑫〕		⑱	円
	1種類の事業で75%以上 （⑦/⑥・⑧/⑥・⑨/⑥・⑩/⑥・⑪/⑥）≧75% ④×みなし仕入率（90%・80%・70%・60%・50%）		⑲	
	2種類の事業で75%以上	（⑦＋⑧）/⑥≧75%	④×〔⑬×90%＋（⑫－⑬）×80%〕／⑫	⑳
		（⑦＋⑨）/⑥≧75%	④×〔⑬×90%＋（⑫－⑬）×70%〕／⑫	㉑
		（⑦＋⑩）/⑥≧75%	④×〔⑬×90%＋（⑫－⑬）×60%〕／⑫	㉒
		（⑦＋⑪）/⑥≧75%	④×〔⑬×90%＋（⑫－⑬）×50%〕／⑫	㉓
		（⑧＋⑨）/⑥≧75%	④×〔⑭×80%＋（⑫－⑭）×70%〕／⑫	㉔
		（⑧＋⑩）/⑥≧75%	④×〔⑭×80%＋（⑫－⑭）×60%〕／⑫	㉕
		（⑧＋⑪）/⑥≧75%	④×〔⑭×80%＋（⑫－⑭）×50%〕／⑫	㉖
		（⑨＋⑩）/⑥≧75%	④×〔⑮×70%＋（⑫－⑮）×60%〕／⑫	㉗
		（⑨＋⑪）/⑥≧75%	④×〔⑮×70%＋（⑫－⑮）×50%〕／⑫	㉘
		（⑩＋⑪）/⑥≧75%	④×〔⑯×60%＋（⑫－⑯）×50%〕／⑫	㉙
【控除対象仕入税額】 （選択可能な計算方式による⑱～㉙の内から選択した金額）			㉚ ※申告書④欄へ	

注意1　金額の計算においては、1円未満の端数を切り捨てる。
　　2　課税売上げにつき返品を受け又は値引き・割戻しをした金額（売上対価の返還等の金額）があり、売上（収入）金額から減算しない方法で経理して経費に含めている場合には、⑥から⑪の欄にはその売上対価の返還等の金額（税抜き）を控除した後の金額を記入する。

●「消費税申告書」(簡易課税)の書き方●

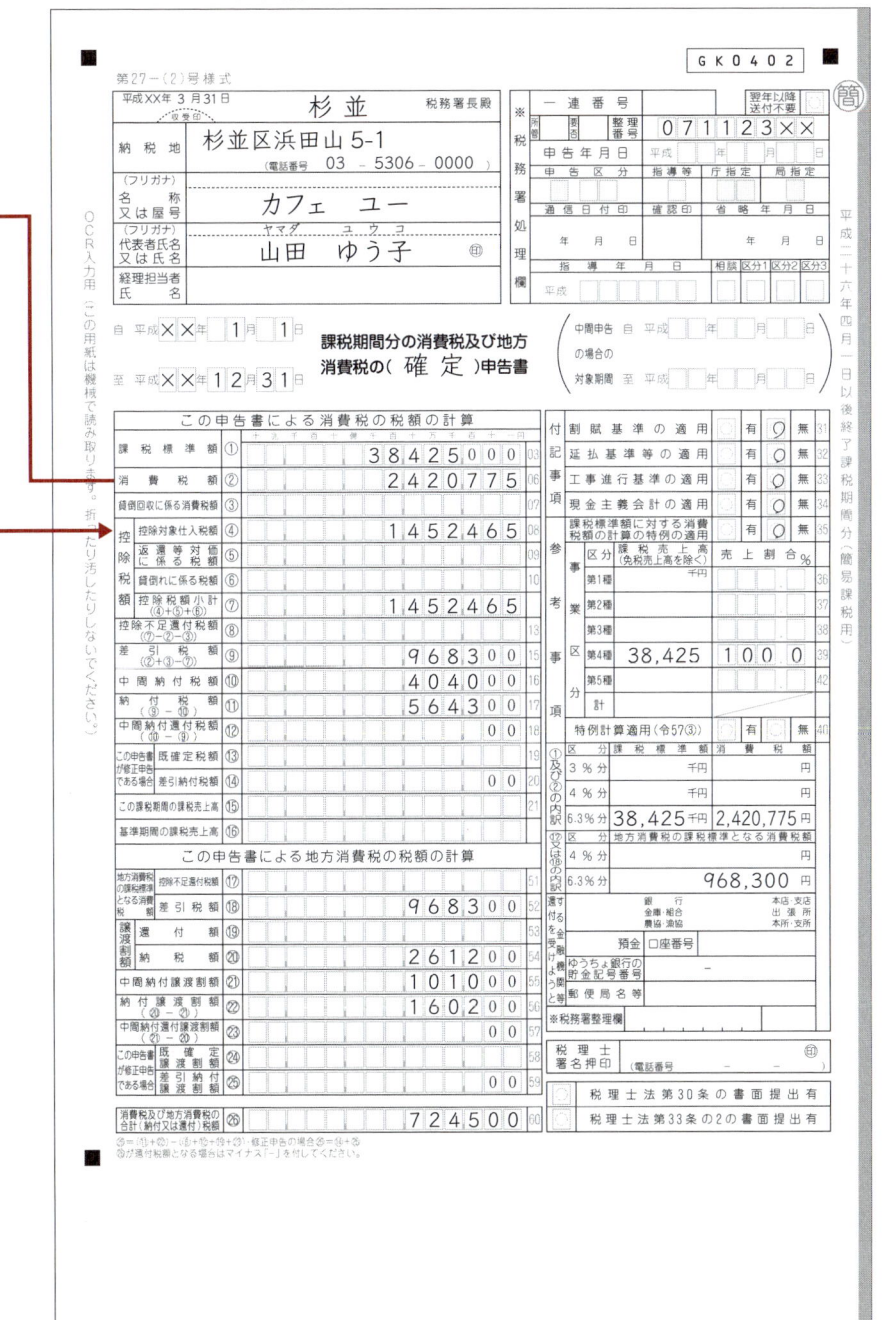

9章 税金の計算のしかたと申告・納税のポイント

第27-(2)号様式　　　　　　　　　　　　　　　　　　　GK0402　(簡)

平成XX年3月31日

税務署長殿

納税地　杉並区浜田山5-1
　　　　(電話番号　03 - 5306 - 0000)

(フリガナ)　カフェ　ユー
名称又は屋号

(フリガナ)　ヤマダ　ユウコ
代表者氏名又は氏名　山田　ゆう子　㊞

経理担当者氏名

一連番号　整理番号　071123××

申告年月日　平成　　年　　月　　日
申告区分　指導等　庁指定　局指定
通信日付印　確認印　省略　年　月　日
指導年月日　相談　区分1　区分2　区分3
平成　　年　　月　　日

自 平成XX年 1月 1日
至 平成XX年12月31日

課税期間分の消費税及び地方消費税の (確 定) 申告書

中間申告の場合の対象期間　自平成　　年　　月　　日　至平成　　年　　月　　日

平成二十六年四月一日以後終了課税期間分(簡易課税用)

この申告書による消費税の税額の計算

		十兆 千百十億 千百十万 千百十一	
課税標準額	①	38,425,000	03
消費税額	②	2,420,775	06
貸倒回収に係る消費税額	③		07
控除 控除対象仕入税額	④	1,452,465	08
税額 返還等対価に係る税額	⑤		09
貸倒れに係る税額	⑥		10
控除税額小計 (④+⑤+⑥)	⑦	1,452,465	11
控除不足還付税額 (⑦-②-③)	⑧		13
差引税額 (②+③-⑦)	⑨	968,300	15
中間納付税額	⑩	404,000	16
納付税額 (⑨-⑩)	⑪	564,300	17
中間納付還付税額 (⑩-⑨)	⑫	00	18
この申告書が修正申告である場合 既確定税額	⑬		19
差引納付税額	⑭	00	20
この課税期間の課税売上高	⑮		21
基準期間の課税売上高	⑯		

付記事項
割賦基準の適用　　　有　〇無　31
延払基準等の適用　　有　〇無　32
工事進行基準の適用　有　〇無　33
現金主義会計の適用　有　〇無　34
課税標準額に対する消費税額の計算の特例の適用　有　〇無　35

参考事項
事業区分	課税売上高(免税売上高を除く)	売上割合%
第1種	千円	36
第2種		37
第3種		38
第4種	38,425	100 0 　39
第5種		
計		42

特例計算適用(令57③)　有　〇無　40

⑪の内訳
区分	課税標準額	消費税額
3%分	千円	円
4%分		
6.3%分	38,425 千円	2,420,775 円

⑫の内訳
区分	地方消費税の課税標準となる消費税額
4%分	千円
6.3%分	968,300 円

還付を受けようとする金融機関等
銀行　本店・支店
金庫・組合　出張所
農協・漁協　本所・支所
預金　口座番号
ゆうちょ銀行の貯金記号番号　－
郵便局名等

※税務署整理欄

税理士署名押印　(電話番号 　－　　－　　)　㊞

税理士法第30条の書面提出有
税理士法第33条の2の書面提出有

この申告書による地方消費税の税額の計算

地方消費税の課税標準となる消費税額 控除不足還付税額	⑰		51
差引税額	⑱	968,300	52
譲渡割額 還付額	⑲		53
納税額	⑳	261,200	54
中間納付譲渡割額	㉑	101,000	55
納付譲渡割額 (⑳-㉑)	㉒	160,200	56
中間納付還付譲渡割額 (㉑-⑳)	㉓	00	57
この申告書が修正申告である場合 既確定譲渡割額	㉔		58
差引納付譲渡割額	㉕	00	59
消費税及び地方消費税の合計(納付又は還付)税額	㉖	724,500	60

㉖=⑪+⑫+㉒　⑫=⑨+⑪+㉒+㉕、修正申告の場合=⑭+㉕
※還付税額となる各欄はマイナス「－」を付してください。

COLUMN

税務調査への対応のしかた

　「税務署の調査が入った」などと聞くと、何か悪いことでもしたかのようなイメージをもつ人がいますが、これはたぶん、令状をもってする強制調査のイメージが影響しているのではないかと思われます。

　税務調査には、その目的から3種類あり、①質問検査権にもとづく「任意調査」、②脱税の疑いがあるときに裁判所の令状をもってする国税反則取締法にもとづく「強制調査」、③税金の滞納がある場合に滞納者の財産をつかむ目的で行なう滞納処分のための調査、に分けられます。一般的に私たちが税務調査というときは、①の任意調査のことをいっています。

　任意調査の目的は、一言でいえば、適正な税金が納められようにするためのチェック機能です。法人税や所得税は申告納税制度にもとづいて税金を納めています。税務署では、申告書が提出されたらその計算が正しく行なわれているかどうかをチェックし、必要があるときは納税者に質問し、帳簿書類その他の物件を検査することができます。

　平成25年7月から平成26年6月までの税務調査の実施件数が国税庁から発表されています。

　所得税の実地調査件数は約6万2,000件、簡易な接触が約83万7,000件とあります。また、消費税については所得税との同時調査で行なわれ、実地調査が約3万2,000件、簡易な接触が約4万4,000件というものです。

　平成24年分の確定申告件数は事業所得者だけで379万人を超えていますから、いかに調査を受ける確率が低いかがわかります。個人事業者のなかでも、開業医、建設関係の事業者など比較的、収入規模の大きい事業者が税務調査の対象となっているようです。

　ここでいう「簡易な接触」とは、提出された申告書を見てハガキによる質問をしたり、電話等で資料の追加を求めるというケースなどをいいます。

実地調査の連絡は、電話で直接、税務調査官から納税者本人あるいは関与税理士に入ります。
　その際、調査官は調査に訪れる希望の日程をいってきますが、都合が悪ければ変更することができます。税務調査は任意調査ではあっても、受忍義務があり、調査そのものを断わることはできませんが、納税者の同意があって初めて成り立つものです。したがって、常識的に同意できないものは断わることができるのです。
　まれに「無予告調査」といって、予告なしに調査官が訪問してくるケースがあります。こんな場合は、「今日は都合が悪いから、事前に連絡をして日時を決めてから来てください」といえばすみます。
　実際に行なわれる調査は、個人事業者の場合は1日が一般的です。午前10時から午後4時くらいまで、昼休みは1時間とるので、調査は実質5時間ということになります。
　帳簿や請求書、領収書等の原始資料が調査の対象となるので、調査官の求めに応じて提示します。金庫や机の引出し、ロッカーの中を見せてほしい、という調査官もいますが、納税者の同意なしにはできない行為ですから、断わってください。
　また、現在の現金残高や帳簿書類を確認したい、といわれることがありますが、税務調査は基本的に申告したものに対して行なわれるもので、現在進行中のものは対象外です。
　さらに、帳簿書類や資料のコピーがほしい、帳簿を貸してほしい、という調査官もいますが、帳簿等を検査するために調査官は訪問してきているので、必要ならメモをとってもらうのが基本です。
　質問されても、ずいぶん前のことであるため、すぐにはわからないこともあるでしょう。よくわからなければ、あとで調べて報告すればよいのです。
　いずれにしても、税務調査には、毅然とした姿勢で対応することがポイントです。

さくいん

【あ】

青色事業専従者 …………………………82
青色事業専従者給与 ……………………82
青色事業専従者給与に関する届出書 …83
青色申告 …………………………………72
青色申告決算書 ……………164、176
青色申告承認申請書 ……………………77
青色申告特別控除 ………………………80
青色申告の特典 …………………………74

一括貸倒引当金 …………………………92
医療費控除 ……………………………187

受取手形 ………………………………115
受取手形帳 ……………………………116
売上 ……………………………………96
売上原価 ……………………140、171
売掛金 …………………………………98
売掛帳 …………………………………41

営業所得 ………………………………13
延納 ……………………………………197

【か】

買掛金 …………………………………104
買掛帳 …………………………………41
会計ソフト ………………………22、52
確定申告 ………………………………192
確定申告書 ……………………194、195
貸方 ………………………………16、28
家事関連費 ……………………86、142
貸倒損失 ………………………………158
貸倒引当金 ……………………………92

課税売上高 ……………………………58
課税期間 ………………………………57
課税仕入高 ……………………………63
課税事業者 ……………………………56
課税対象外取引 ………………………60
寡婦（寡夫）控除 ……………………190
仮受消費税 ……………………………68
借方 ………………………………16、28
仮払消費税 ……………………………68
簡易課税制度 ……………………64、65
簡易帳簿 …………………………32、40
簡易簿記 ………………………………32
勘定科目 …………………………18、24
還付加算金 ……………………………91

基準期間 ………………………………56
基礎控除 ………………………………191
寄付金控除 ……………………………189
基本帳簿 ………………………………33
給与計算事務 …………………………120
給与支払事務所等の開設届出書 ……126
給与支払明細書 ………………………123
給与台帳 ………………………………124
給料 ……………………………………150
強制償却 ………………………………169
均等割 …………………………………199
勤労学生控除 …………………………190

経費 ……………………………………140
経費帳 ……………………………38、41
決算 ……………………………………162
決算書 …………………………………164
減価償却 ………………………………166
減価償却資産の償却方法の届出書 …168
減価償却費 ……………………………156
減価償却費の特例 ……………………88
現金 ……………………………………110
現金出納帳 ……………………36、40、111
源泉所得税の納期の特例の承認に関する
　申請書 ………………………………127

源泉徴収	125	修繕費	151
源泉徴収税額表	129	収入	14、21
原則課税	65	10万円控除	81
		住民税	130、199
合計所得金額	186	住民税の納付	131
広告宣伝費	149	出金伝票	30
更新料	146	障害者控除	189
更正	74	小規模企業共済等掛金控除	188
個人事業者	13	消費税	54、204
固定資産除却損	158	消費税申告書	207、209
固定資産台帳	41	消耗品費	155
		賞与に対する源泉徴収税額の算出率の表	135

【さ】

雑損控除	187	所得控除	187
残高試算表	174	所得税	184
		所得税の税率表	186
仕入	102	所得税の納付	125
自家消費	108	所得割	199
敷金	146	白色申告	72
事業所得	12	仕訳	16、28
事業税	201	仕訳伝票	32
事業税の標準税率	203	仕訳日記帳	32
事業専従者控除	84	人件費	141
事業主貸	159	申告納税制度	12
事業主借	159	新聞図書費	155
事業主控除額	201		
事業年度	12	推計課税	74
事業用固定資産の売却	160	水道光熱費	149
市区町村民税	130、199		
資産	19	税額控除	191
実地棚卸し	171	税込経理方式	68
支払手形	115	製造原価	19
支払手形帳	116	税抜経理方式	68
支払手数料	146	税務調査	210
資本	19	生命保険料控除	188
資本的支出	151	接待交際費	154
社会保険	132		
社会保険料控除	188	総勘定元帳	32、42
収益	19	租税公課	148
集計表	173	損益計算書	20

損益通算 …………………………185	非課税取引 ………………………60
損害保険料 ………………………152	必要経費 ……………14、21、142
損害保険料控除 …………………189	費用 …………………………………19
損失 …………………………………141	
損失の繰越し控除 …………………90	複式簿記 …………………………26
損失の繰戻し還付 …………………91	福利厚生費 ………………………150
	負債 …………………………………19
【た】	普通徴収 …………………………130
貸借対照表 …………………………20	扶養控除 …………………………190
棚卸し ……………………………170	扶養控除等（異動）申告書 ……137
棚卸表 ……………………………171	フリーランサー …………………70
単式簿記 ……………………………26	振替仕訳帳 ………………………45
	振替伝票 ……………………………30
帳簿の保存 …………………………48	振替納税制度 ……………………197
通信費 ……………………………152	簿記 …………………………………16
	保険料控除申告書 ………………137
手形・小切手 ……………………115	補助簿 ………………………………34
転記 …………………………………42	
伝票 …………………………………42	**【ま・や】**
	みなし仕入率 ……………………65
当座預金出納帳 …………………117	
特別償却 ……………………………88	元入金 ……………………………159
特別徴収 …………………………130	
都道府県民税 ……………130、199	家賃 ………………………………146
【な】	預金 ………………………………112
荷造運賃 …………………………149	預金出納帳 ………………………114
入金伝票 ……………………………30	予定納税 …………………………197
年末調整 …………………………136	**【ら・わ】**
	旅費交通費 ………………………153
農業所得 ……………………………13	
	礼金 ………………………………146
【は】	
配偶者控除 ………………………190	労働保険 …………………………132
配偶者特別控除 …………………190	65万円控除 ………………………81
販売費 ……………………………141	
販売費及び一般管理費 …………140	割増償却 ……………………………88

平石共子（ひらいし きょうこ）
群馬県前橋市出身。明治大学政経学部卒業。税理士。現在、税理士法人第一経理 代表社員、納税者権利憲章をつくる会（TCフォーラム）運営委員、税経新人会全国協議会前理事長。
一部上場企業から小規模企業まで幅広く税務・会計・経営支援を手がける。わかりやすくをモットーに月刊誌「企業実務」（日本実業出版社）や「経理ウーマン」（研修出版）に税金や経営をテーマに数多く原稿を執筆。著書に『小さな会社と個人事業者の消費税の実務と申告ができる本』『わかりやすい同族会社の税務処理と節税ポイント』（以上、日本実業出版社）、『中小企業経営のための会社の法律知識ハンドブック』『中小企業の経営実務ハンドブック』（旬報社・共著）などがある。

　　　はじ
初めてでもよくわかる
　こ じん じ ぎょう　ちょう ぼ　　　　　　　 かた せつ ぜい
個人事業の帳簿のつけ方・節税のしかた

2005年7月1日　初版発行
2015年6月1日　第21刷発行

著　者　平石共子　©K.Hiraishi 2005
発行者　吉田啓二
発行所　株式会社 日本実業出版社　東京都文京区本郷3-2-12 〒113-0033
　　　　　　　　　　　　　　　　大阪市北区西天満6-8-1 〒530-0047
　　　　編集部 ☎03-3814-5651
　　　　営業部 ☎03-3814-5161　振替 00170-1-25349
　　　　　　　　　　　　　　　http://www.njg.co.jp/
印刷／壮光舎　　製本／若林製本

この本の内容についてのお問合せは、書面かFAX（03-3818-2723）にてお願い致します。
落丁・乱丁本は、送料小社負担にて、お取り替え致します。

ISBN 978-4-534-03920-0　Printed in JAPAN

すぐに役立つ実務書 「小さな会社」シリーズ

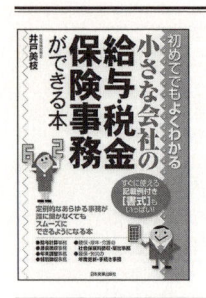

＜初めてでもよくわかる＞小さな会社の
　給与・税金・保険事務ができる本

井戸　美枝
定価 本体1200円（税別）

月々の給与計算、源泉徴収事務から、社会保険・労働保険の徴収・届出事務、所得税の年末調整まで、定例的なあらゆる事務のやり方が初めての人でもスラスラわかる本。すぐに使える帳票・書式付き。

＜初めてでもよくわかる＞小さな会社の
　総務・経理の仕事ができる本

安田　大　編著
定価 本体1200円（税別）

総務と経理の実務のポイントを仕事の流れにそってかいつまんで解説。仕事に必要となる書類や書式も豊富に掲載しているので、初めての人でも会社の事務手続きがすぐにこなせるようになる本。

＜初めてでもよくわかる＞小さな会社の
　事務がなんでもこなせる本

小嶋経営労務事務所
定価 本体1400円（税別）

総務・経理・人事・労務・法務など会社で必要となるあらゆる事務のコツと知識を1頁1項目の読みきり式で網羅。毎日の定例的な事務から不定期な届出・手続きまで事務処理はこれ1冊あればOK。

＜これだけは知っておきたい＞
小さな会社の
　経理と帳簿がわかる本

青木　広子　　　定価 本体1300円（税別）

日々発生する取引のデータ入力のしかたから、伝票・帳簿の記帳事務、試算表・決算書のつくり方まで、経理の実務知識をズバリ、図解で簡潔に解説。パソコンを使った会計処理がスムーズにできる！

＜初めてでもよくわかる＞
最新 小さな会社の
　源泉徴収事務ができる本

姉帯　奈々　　　定価 本体1300円（税別）

毎月の給与計算事務、賞与や退職金、報酬・料金等からの源泉徴収事務など、定例的な事務から不定期の事務まで、源泉徴収に関するあらゆる事務が誰に聞かなくてもスムーズにできるようになる本。

定価変更の場合はご了承ください。